デジアナを駆使し未来を拓く

～ICT経営で躍進する中小企業～

まえがき

ＩＣＴと経営の距離

私が処女作となる著書『だから中小企業のＩＴ化は失敗する』を上梓したのは２００１年のことである。当時の経営とＩＣＴの関係性はまだまだ密接とは言い切れない点が多かった。ＩＣＴを活用することの意味を経営者をはじめとした人々が正しく理解できていなかった。「ＩＣＴを導入すれば何かが変わる」と信じて疑わなかったが、結局、ＩＣＴはツールの１つだと気づき始める。当時はちょうどそんな過渡期だったと思う。

そんな紆余曲折を経ながらも、ＩＣＴと経営の距離はどんどんと近しいものへと変化していった。次々とバズワードが登場し、企業経営を助ける新たなツールとして多くのメディアで喧伝される。大企業はもとより、中小企業も今やＩＣＴを活用しない経営は考えられないほど密接なものになった。いや、経営をとりまく環境が大きく激変したのがこの15年といえよう。社内外の連絡手段は電子メールが主流となり、物品の受発注もネットを活用し、迅速化と効率化が図られるようになった。ホームページを公開することは事務所を構えるのと同じくらい当たり前のこととなり、イメージ映像をネットで配信し、プロモーションを展開することなど普通のことになった。大企業も中小企業もICTを活用せずして、現代の経営を考えることは不可能な時代である。その時代の到来の背景には日本の少子化の進展があることは読者の皆さまもご存知のとおりである。

変革の準備など徒労に終わる

そして、昨今は『AI』『IoT』『RPA』とメディアがこぞってとりあげている。

——これらのテクノロジーで経営は大きく変わる

——いや、社会生活も大きく変わる

新聞や雑誌でこれらの言葉が紙面に踊らない日はない。これら技術が社会生活への福音として大きな賛辞をもって迎え入れられているような気分になる。そして、これらのテクノロジーを導入して企業経営の未来を先取りしていこうという機運も高まり、遅れてはならぬと皆が関心を寄せ始める。でも、このテクノロジーが何を変え、どんな未来を創りだしてくれるのかを、皆がイマイチ理解できていない。

現代のメディアの喧伝を見ると、まるでＩＣＴを中心とした社会や企業経営の大変革が押し寄せていると思い込んでしまうだろう。その大変革に身構え、備えるため、あらゆる情報を聞きかじる。

しかし、考えてみてもらいたい。20年前を振り返ってみよう。そのとき、クラウドサービスがここまで普及し、スマホがここまで進化し、そしてＡＩがユーザーの質問に回答する……なんて世界がやってくるなんて、誰が予想できただろうか？　そんな準備が徒労に終わるケースの方が多い。それは本当の未来に起こることなんて誰も予想しえないからだ。テクノロジーは未来を変えるかもしれない。しかし、何がどう変わるかに一喜一憂する必要はない。20～30年後のことなど、誰もわからない。

ＡＩが人間に置き換わることはない

私は２０１６年に『もし、自分の会社の社長がＡＩだったら？』（カナリアコミュニケーションズ刊）を上梓した。この本を発刊するキッカケを作ったのは「社長の業務の大半はＡＩでも問題なく処理できるのではないか？」という自分自身への問いかけからであった。その延長線上の議論で常に取り上げられるのは「ＡＩにとってかわられる仕事」である。事務作業などのルーチン的な業務やパターン化された判断が求められる仕事ははかなくも、その仕事の１つとして指摘されている。そのためか来たるべくＡＩ時代に不安を抱く経営者や若者、そしてシニア世代は意外と多い。

断言できることが1つある。それはＡＩが人間に置き換わることはない、ということ。例えば、すべての業務を仮にＡＩが処理できるとしても、だ。ＡＩで処理できる業務はこれからも多数生まれてくるだろう。しかし、人間にしか処理できないことも多々ある。それは「人間らしさ」に起因するものではないだろうか？　ＡＩにはない人間らしさが普段の生活や仕事の場に、さりげなく求められる時代になるのではないか。人間らしさの追求こそ、ＡＩなどと賢く共存していくために必要不可欠だと思う。

ＩＣＴ時代を勝ち抜くためのアナログ力

『システムの前に人ありき』。これは若いころの私が、ある企業の上層部に突きつけた一言である。若気の至りもあったかもしれないが、今でもこの台詞こそ私のＩＣＴに対する考え方の原点となっている。とかく、最近の風潮はＩＣＴの力で何でもできると勘違いしている。ＩＣＴの狭い部分しか見なければ、そういうことも起こり得るかもしれない。しかし、ＩＣＴはあくまで人間の使い方次第だ。ＡＩだって然りである。

デジタルの対義語は「アナログ」である。ＩＣＴやＡＩが取り巻く世界においても人間に求められるものは「アナログ」の力であることは疑いようがない事実である。では、「アナログ」とは一体何か？　前述した「人間らしさ」に通じるものである。この「アナログ力＝人間らしさ」の追及を忘れたＩＣＴ化、ＡＩ化は『仏作って魂入れず』と同義であることは言うまでもない。

本書でいう「デジアナ」は、デジタルのＩＣＴとアナログ力の人間らしさを、よりバランスよく使う意味を込めて採用したキーワードだ。
本書に登場するＩＣＴ活用の事例は、ツールとしての利便性に併せて、私たち自身の「人間らしさ」を追及した好例ばかりである。ぜひ、皆さんの企業経営の参考にしてもらいたい。

株式会社ブレインワークス
代表取締役　近藤 昇

第1部：ICT化先進企業10社の実例

第2部：中小企業のＩＣＴ化の本質を学ぶ

第1部

ICT化先進企業10社の実例

CASE STUDY 1

自動車産業における静脈産業部門をネットワーク化 情報共有と一元管理を実現し、循環産業への進化を促すシステム運用を実施

会宝産業株式会社

―― 代表取締役社長　近藤高行

■会宝産業株式会社

設　立：1969（昭和44）年5月に近藤自動車商会として創業。
本　社：石川県金沢市東蚊爪町1丁目25番地
資本金：5,700万円
使用済自動車の引取・解体・破砕前処理などの自動車リサイクルと、中古車・中古自動車部品の輸出販売を事業する。
世界No.1の自動車リサイクル企業を目指し、グローバルな社会問題の解決にも取り組む。

自動車リサイクル事業から世界規模の循環産業へ

1969（昭和44）年に自動車解体業として創業した会宝産業株式会社。以後、会社が成長するのにともない、自動車リサイクル事業へ転身し、現在では地球規模の循環型社会を作る代表的企業として注目を集めている。

「創業から廃自動車を解体して部品を売る事業を続けていましたが、日本において環境問題が深刻化していく中で、リサイクルを強く意識するようになりました。利益優先の事業から脱却し、自然環境を大切にしながら自動車を再資源化することが現在のテーマです」と言い切る近藤氏。

日本における自動車産業は、各メーカーが製造販売し、不要になれば捨てるという利益優先型で成長してきた。長く自動車産業の後工程に携わってきた会宝産業では、早くから環境への影響を認識し、より高く広い視点で自動車の再資源化を考えてきたのだ。

「取引先が国内ではなく、その大半が海外にあるというのも弊社の特長です」と近藤氏が言うように、現在、同社が買い取ってきた廃車を解体、分別してできる部品や素材の売り先は、世界90ヵ国にも及ぶ。

「日本もかつては利益優先で自然環境を無視して事業を続け、ようやくリサイクル化をするようになった経緯があります。海外に多く取引先を持っているからこそわかるのですが、今世界の多くの国が、かつての日本と同様に利益優先で自動車産業を興そうとしているのです」（近藤氏）。

日本がかつて歩んだ長い道のりを、世界が同じように歩いてしまえば、地球規模で環境問題はさらに深刻化していく。そこで会宝産業は世界に対して問題提起をすると同時に、各国からの要請もあって、自動車産業のみにとどまらず世界規模での循環型産業を提唱する企業へと進化してきた。

自動車産業における循環産業の概念図

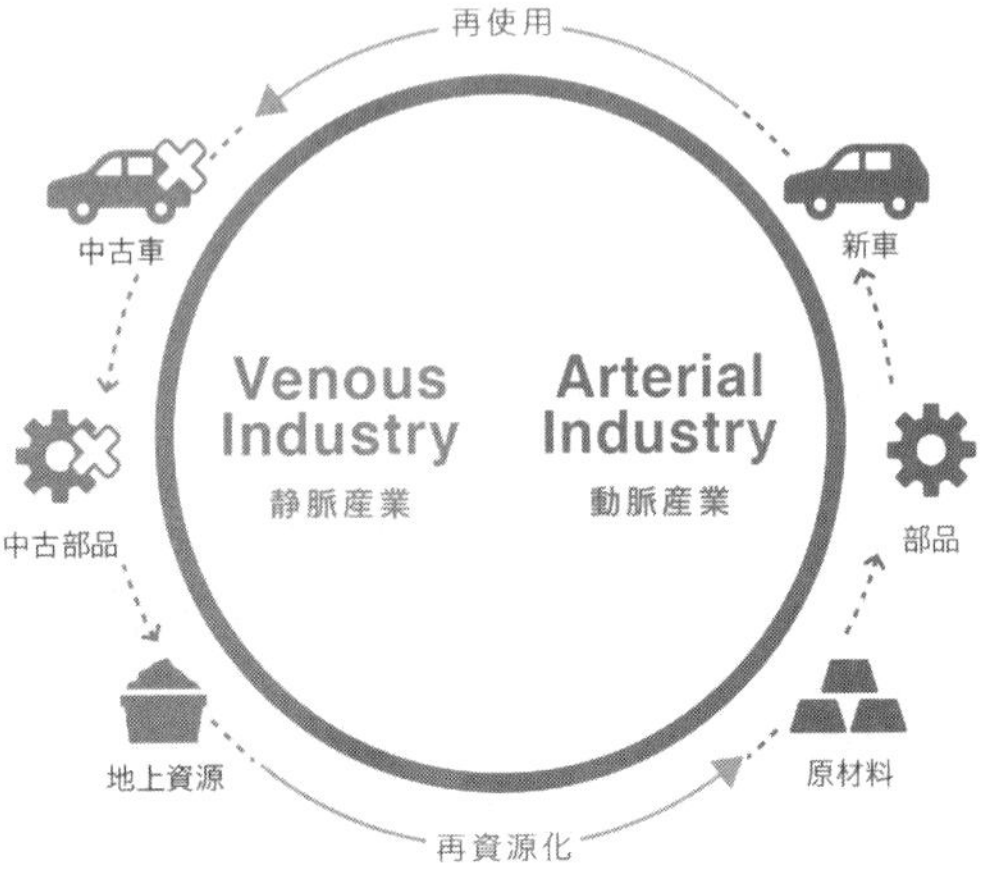

「日本がモデルとなって、環境保全型のリサイクル技術を世界に伝えるのです。我々がそれに

気がつくまで長い年月が必要でしたが、誰かが手を引いてあげれば最短距離でそれに気づけると考えています。自動車産業部門では原材料を手に入れて部品を作り、自動車としてくみ上げて販売する動脈産業と、不要になった車から部品や素材を取り出して再利用する静脈産業に分けられます。つまり、車を使った結果の後始末である静脈産業の在り方によって、車の再資源化が可能となり、循環型の社会が形成できるのです」（近藤氏）。

捨てられる車をそのまま放置していればそれは環境に多大なダメージを残す。それを再利用するための仕組みやシステム作りを行い、世界規模で展開するのが会宝産業のミッションなのだ。

部品・素材の一元管理を可能とする「KRAシステム」を自社開発

自動車の再資源化を目指すといっても、単純に廃車を集めて処理するだけでは効率が悪い。そこで会宝産業が最初に手を入れたのはパーツの在庫管理システムの開発からだった。「ちょうど、国内から海外へ市場を移行しようという頃、入手したエンジンを販売する際に、それがどこから購入したもので、どこへ販売するかきちんと管理しようというのが発端でした」（常

務取締役　櫻井茂宏氏）。

つまり、解体部品の在庫管理とトレーサビリティーを行い、どこから手に入れたパーツがいくらで、どこへ売られたか見えるようにする仕組みを作ることで、より透明性のある産業構造にすることとコスト管理の徹底を実現しようと考えたのだ。

「国内の廃車、パーツ入手先も相当数あります。それらをネットワークでつなぎ、弊社を起点に在庫を管理、さらに販売先までトレースすることで、入手経路と販売先を一元管理することが可能になるのです」（櫻井氏）。

2001年に開発が開始されたこのシステムは、後に「KRA（カイホウ・リサイクラーズ・アライアンス）システム」と命名されることになる。

「当初は車両とエンジンを紐づけて、それを数社の協力企業と連携するシンプルなシステムでした」（櫻井氏）。

2002年に櫻井氏自身が開発し、リリースしたシステムは各企業がもつ在庫データを会宝産業がもつサーバに集約・シェアする仕組みでそれなりの効果を上げることができたが、さらなる利活用を目指してインターネット経由でのサービス提供にプラットフォームを切り替えることになった。「現在でいうSaaS（※1）ですが、当時はASP（※2）と呼ばれていた頃ですね。ブラウザから利用できるようにすることで、もっと手軽に扱えるようにする狙いがありました」（櫻井氏）。

システムが使われるようになれば、要件も増えていく。これは新しい仕組みを作れば必ず通過する局面だ。「このときのＡＳＰ型のＫＲＡシステムがVer1.0にあたるのだと思います。運用していくうちに、もっと機能が欲しいというニーズが高まり、２００８年にそれに対応したVer2.0が完成しました」（櫻井氏）。

順調に成長していくと思われたＫＲＡシステムだが、機能追加によって自社で運用していたＤＢサーバの容量不足や回線の重さが深刻化。システムの挙動も不安定となり、さらなる改善が求められることになった。

「このままではダメだということで、フルクラウド化を提案しました。開発基盤も変えて、さらに増え続けるであろう要件の追加にも備えられるようにしました」（櫻井氏）。２０１４年、フルクラウド化による高速・安定稼働を実現するＫＲＡシステムVer.03の運用が開始され、２０１９年現在に至るまで本バージョンで運用が続けられている。

（※１）＝Software as a Service
（※２）＝Application Service Provider

循環型産業に必須の資源の見える化を実現

初期には数社間でのみ運用していたＫＲＡシステムは、現在、60社以上の協力企業との連携を実現している。「車検証にある番号を入力するだけで、その車の主な部品が追えるようになります。以前は解体してから、1つずつ部品として入力していましたから、その事務作業だけでも、弊社では毎日60〜90分の業務負荷の削減効果が得られています」（櫻井氏）。こうした業務効率化だけ見てもかなりの成果があるが、原価管理を一元化することも可能となるため経営判断にも大いに役立つのだという。

「パーツから素材に至るまで、車一台ごとに自動的に原価管理することが可能になります。これによって、パーツでの利益、素材での利益といった細かい収益が明確にわかるのです」（櫻井氏）。

また、廃自動車の仕入れ先ごとにソートすることもできるので、どこから仕入れた車がより多くの付加価値を生んだかといったこともダッシュボード化することができるようになる。こうした情報が一元化できることは迅速な経営判断に大いに役立つ。「自動車の部品、素材の管理だけでなく、経営管理の仕組みとしても利用価値の高い情報を提供できます」（櫻井氏）。

世界規模での情報共有の実現を目指す

静脈産業の発展に欠かせない廃車後の部品や素材のトレーサビリティーと、付加価値のデータ化を実現することを可能にしたＫＲＡシステム。Ver3.0に至る道筋は平たんではなかったが、開発を共にするベンダーとの関係性は特に重要だったと櫻井氏は振り返る。「自動車産業の中でも私たちがやっている静脈産業は常に変化し続けます。経営陣としても何年も先を見ながら進んでいくので、要件の高度化と変化のスピードに、協力先である開発会社が追い付けないこともありました」（櫻井氏）。

このように、システム開発のパートナー選びは困難を極めたが、開発スタイルを進化させることで対応が可能になってきていると櫻井氏は言う。

「今までのように、要件定義して、予算を確定し、発注、開発してから検証し、納品していたのではとても間に合いません。そこで弊社では、外部メンバーを含めた少人数のプロジェクトを作り、上がってきた要件ごとに優先度を決めてから都度開発を行うスタイルに変更しています」（櫻井氏）。

これは一般にいう、ウォーターフォール型の開発手法から、アジャイル型開発手法への移行に等しい大規模な開発手法の変革となる（ただし、システム開発になんら関わりを持たない人にとっては、両開発手法の名称など一度も聞いたことがないばかりか、ウォーターフォール型開発手法は工程が水が流れるように進み、元の状態には戻らないというものに対して、アジャイル開発手法はその弱点を補いスピード感のある開発手法であるということを、ほとんどの人が知らないといってもいい）。

「これを可能にしたのは、ver2.0当時の優秀な開発スタッフがこのプロジェクトに加わってくれたことが大きいですね」（櫻井氏）。

信頼できる開発スタッフと常時連携することにより、開発スピードの向上や高度な要件への対応などが可能になっている。近年ではKRAシステムにオークション機能を追加するという大規模改修を行ったが、これもスムーズに完了している。

「アラブ首長国連邦にある弊社の子会社が運営するオークション会場で自動車部品のオークションを開催しています。協力企業はKRAシステムから出品できるので、販路を大きく広げることが可能になりました。同じように千葉にあるオークション会場でトラックを専門的に扱うオークションの運営も機能として追加しています」（櫻井氏）。

世界規模で広がりをみせている静脈産業としての自動車リサイクル業。会宝産業はそのパイオニアとして、世界各国に向け、その技術やノウハウはもちろん、KRAシステムの提供を開始している。

「ブラジル、インド、ケニア、インドネシア、マレーシアといった国々に自動車解体業のノウハウと共に循環産業を確立するための仕組みやそれを支えるKRAシステムの普及を始めています。これを足掛かりとして、世界各国に私たちの取り組みを広げていきたいですね」（近藤氏）。

「KRAシステムもさらなる機能の追加やバージョンアップを続けることはもちろんですが、海外でも運用できるシステムも構築していかなければなりません。例えばブラジルでは通貨も税制も車の登録状況も違います。それに対応することはもちろん、機能を追加するばかりではなく、現地の人がすぐに使いこなせるようシンプル化もしなければなりません。ですから、今後もKRAシステムの開発は終わることなく、進化を続けていくのだと思います」（櫻井氏）。

会宝産業とKRAシステムによる世界規模での循環産業の実現へ向けての取り組みに、今後も注目していきたい。

POINT!

会宝産業

①社会貢献と経済的価値の両立を構想し、実現に向けてＩＣＴを活用

静脈産業の構築を提唱し、自動車リサイクル事業をベースに地球規模の循環型社会の実現に取り組む同社。ＩＣＴ活用なくして成り立たない事業活動を行っている。

②ＩＣＴを活用して事業アライアンスを推進

自社の発展のためだけでなく、業界の改革、発展のための事業アライアンスを構想。

クラウド型ＩＣＴで仕組み化を実現。

③自社ノウハウから生まれたシステムを世界に展開

事業の発展と共に柔軟に機敏に成長させてきたＩＣＴシステム。今後は様々な新興国への適応を視野にいれる。

CASE STUDY 2

ウェブ受注システムで、葬儀業界に新しい風を吹かすセレサポ

株式会社HDフラワーホールディングス
—— 常務取締役　森本幸子

■株式会社HDフラワーホールディングス
設　立：1999（平成11）年8月
本　社：大阪府堺市堺区老松町1丁35番7
資本金：9,000万円
冠婚葬祭を軸に置くフラワービジネスの総合商社として、花の生産・流通・加工・販売、仕出し料理や人材派遣等までを手掛ける。常に業界をリードしたオリジナルソリューションを提供する企業。

「自分の言葉で作った弔文を送る」
「訃報案内をSNSで伝える」
「故人の思い出をweb上で共有する」

こんな新しい形の葬儀を実現するシステムが開発された。

立役者は森本幸子氏。冠婚葬祭花の流通、加工、販売を手がける企業グループ、HDフラワーホールディングスの常務取締役を務めている。

葬儀社向けに開発された「セレサポ」は、「セレモニーをサポートする」という意味が込められている。システムの主軸が「弔電サービス」だ。通常、弔電は電話会社を通して送られる。しかし葬儀会社がオリジナルの弔電を提供することで、型にはまらない、送り手の想いにそったメッセージを遺族に伝えることができる。

今までありそうでなかったこのシステム。開発のきっかけは、森本氏が葬儀の場に日々接する中で、現場の「あたりまえ」に対してもった素朴な疑問だった。それは、女性の目線だからこそ、柔軟できめ細やかなサービスを提供したいという発想でもあった。

「お知り合いの方が亡くなったときに、本当に伝えたいことって、弔電の定型文のような堅苦しい内容じゃないよね、という話をしたんです。メッセージとは関係のない漆《うるし》や押し花の台紙にお金がかかったりもしている。葬儀の後、弔電が山のような荷物になってしまって、これに何の意味があるんだろうってすごく思っていました」

情報共有でサービス向上と業務の効率化を図る

ＨＤフラワーホールディングスの本拠地は大阪府堺市。１３００坪の敷地には、白、紫、赤などの生花が常に保管され、１日１００件近い葬儀会場に飾られるべく出番を待つ。

森本氏が、夫の森本真規氏（代表取締役会長）と、この地で冠婚葬祭の生花会社を立ち上げたのは、１９９７年。経営はわずか１～２年で軌道に乗り、その後フラワーアレンジメントや海外の緑化工事、人材派遣業などと事業を広げる。現在、葬儀用の供花事業では関西でトップを走る。「趣味は仕事かな」と笑う森本氏は、笑顔が華やかな柔らかい印象の女性だ。

今回開発した「セレサポ」には、弔電サービスの他にも大きな特徴がある。「葬儀社」「卸業者」「喪家」「会葬者」の４者をネット上でつなぎ、必要な情報を共有するシステムだ。これは、弔電システムを作り込む途中で気がついたアイデア。葬儀社が弔電をｗｅｂ上で受注するなら、供花や供物も受注したらいい。同時に卸業者に情報が届けば、手配が自動でできる。

「セレサポ」導入で、葬儀の業務がどう効率化されるのか。

葬儀社と喪家との従来のやり取りは次のようになる。

①【葬儀社】喪家に訃報用FAXを渡す　②【喪家】電話（FAX）で関係者に連絡　③【会葬者】訃報を受け取り葬儀社に連絡し供物を手配。電話会社に弔電を依頼。供物の支払い（現地払いなど）　④【喪家】葬儀後お悔やみ品のお礼。香典帳の作成。返礼品の手配

■「セレサポ」を導入した場合

①【葬儀社】喪家にメールで案内文を送る　②【喪家】メールやLINEで関係者に案内文を転送　③【会葬者】メールやSNSから訃報画面へ入り、供物・弔電を依頼。供物の決済（クレジット・後払い・銀行振込など）　④【喪家】リアルタイムで供物や参列者の有無を確認

情報をweb上で共有することで、関係者間の連絡時間が短縮される。会葬者にとっては③の弔電や供物の手配が簡素化される。従来は葬儀社で供物を、電話会社で弔電を手配していた

ものが、セレサポの画面で一括して手配できる。

また、現在は葬儀場で供物の支払いを希望する会葬者も多く、葬儀社は領収書の準備などの対応が必要だ。一方、「セレサポ」ではクレジットなどで決済できるため、この部分の業務をカットすることが可能だ。ただ、ｗｅｂ上の操作が苦手な人のために、従来通りＦＡＸや電話での連絡や現地払いの方法も使えるようにしている。

また、葬儀社と供物の卸業者とのやり取りも効率化が見込める。

■従来の流れ

①【葬儀社】電話（ＦＡＸ）での注文を整理して卸業者にＦＡＸで発注　②【卸業者】ＦＡＸを確認。商品の手配

■セレサポを導入した場合

①【葬儀社】ｗｅｂ上で注文確認。卸業者にはボタン１つで発注完了　②【卸業者】リアルタイムで受注確認。商品の手配
ここでは②の部分が大きなポイントとなる。現在、葬儀社から卸業者への供物の発注は

ＦＡＸと電話が主流で、朝に注文が集中する。「今から生花を10対、お通夜に間に合わせて」など急ぎの注文がくる。現場が混乱することも少なくない。ｗｅｂ受注ならリアルタイムで卸業者にも情報が届き、早い段階で手配ができる。

「常に突発的な注文を待つ私たちのような卸業者は一刻でも早く情報が欲しいのです」と森本氏は話す。

１５００万円を投入するも開発はままならず

「セレサポ」のような仕組みが欲しい、作ったら売れると思う。声を上げたのは森本氏ただ1人。システム実現のための第一歩は、社内を説得することだった。「そんな事しても何も変わらない」「ムダじゃないか」「無理だ」――大半は反対の声だったため、メリットを理解してもらうために時間をかけた。

会社からゴーサインが出て開発をスタートさせたのが、２０１５年。社内にＩＴ専門家がいなかったため、外部の企業に委託することにした。その企業の営業担当者が想いを理解してくれ、意気投合したことが決め手となった。予算は１５００万円、当初半年の期間を見込んでいた。

しかし、最終的にはシステム完成までに2年かかった。しかも結局失敗に終わることになる。その原因は2つあると森本氏は言う。

「社内に要件定義書を提示できる人材がいなかったこと、そしてシステム会社の能力を見極められなかったことです」

依頼した企業は公共事業向けの大規模なシステムを得意としていた。要件定義書をしっかり固め、何ヵ月もかけて開発をする。しかし、この方法が時代のスピードに合わなかった。半年後に提示されたシステムは、自分たちのイメージとはかなり異なるものだった。動きが遅い、画面からはみ出る、使いにくい。スマホでの操作を想定していたが不具合が目立った。

その後もやり取りを続けて改善を試みたが、思ったような仕上がりにはならなかった。追加コストが発生し、開発者とは「言った、言わない」の応酬もあった。

発注する側としての反省点もある。システムの構想は固まっていたものの、使いやすさや見えやすさなど、利用者目線のイメージがつかみ切れていなかった。プロが提案しているなら、使い方も間違いないかもしれない、と判断に迷ったりもした。1500万円を出して学んだことだった。

とりあえず、できたシステムを展示会に出してみたが、葬儀業者の反応は今ひとつだった。

いち早く、現場の声を取り入れる

ほどなく大手のライバル会社が「特許申請中」を掲げて、同じ仕組みを打ち出してきた。先駆者の自負があるだけに、森本氏の負けず嫌いの性格に火がついた。

知り合いの技術者に声をかけ、開発を引き継いでもらうことに。社内の受注システムを手がけていた信頼できる人物だ。まずは大金をかけたシステムを、なんとか利用できないかと考えた。技術者にシステム会社との間に入ってもらい、技術的な内容をやり取りしてもらった。しかしうまくいかなかった。

最終的にそのシステムは「捨てる」ことになる。「捨てたことを社内には正式に報告していないかもしれない」と森本氏は苦笑する。依頼した技術者とは専属契約を結び、システムを一から作ってもらった。

前回、開発者とのコミュニケーションの難しさを痛感したため、今回は技術者を独占するかたちで、会社に詰めてもらった。葬儀業界の情報を十分に提供し、現場のニーズをその都度伝え、システムに反映してもらう。

こうした手法でシステムは3ヵ月ほどで完成し、100%満足するものになった。皮肉なことに時間をかけて作ったシステムは失敗し、スピーディーに作ったシステムは成功した。この違いは次の3点に集約される。

・開発者との意思疎通を徹底
・業界の情報を十分に提供し理解してもらう
・現場のニーズに柔軟に対応

優秀な技術者を取り込めたことが大きかった、と森本氏は話す。彼は営業などを通して届く葬儀社からの要望をできる限り吸い上げた。その1つが「外字《がいじ》」の対応だ。外字とは、普通のパソコンでは変換できない文字のことで、人の名前を扱う葬儀の現場では、入力に苦労しているという。すぐに画像認識や画像を貼り付ける仕組みを導入してシステムに反映させた。

また、当初画一化していた供物などの注文時間の設定については、葬儀社ごとに細かいニーズが出てきたため、追加で開発する対応をとっている。必要に応じてバージョンアップを重ね、最終的にシステムに投入した金額は、初めのシステムの1500万円を含めると2500～

3000万円となった。

一番の壁は「葬儀業界の古風な慣習」

これが森本氏に立ちはだかる大きな「壁」だ。

「葬儀業界の理解」

葬儀の現場は、葬儀を主催する喪家だけでなく、葬儀社の経営者にも高齢者が多い。web受注のシステムを説明すると、「ネット注文では手軽すぎる、お客様に失礼じゃないか」という声が返ってくる。ベテランの事務員は「パソコンは無理やわ」と抵抗感を示す。

今まで通り、注文はFAX、決済は振込でいい。3.5%のクレジット決済手数料がもったいない。そんな声が大半だ。請求書も明細書も手書きで、切手を貼って相手に郵送する。しかしネット受注なら、請求書をダウンロードすればすむ。大きな葬儀になればなるほど業務の負担が軽減されるだろう。

「セレサポ」では、喪家が関係者に葬儀の情報をLINEなどで送る機能もある。そんなことはお客様に頼めない、操作が無理だ、という葬儀社は多い。しかし遺族の中に1人でもスマホ世代がいれば、簡単に対応ができ、正確な情報を早く関係者に伝えることができる。

発想を転換すればいい。今後は葬儀システムも大きく変わる、と森本氏は見る。「ちょっと早いかなというところもありますが、システムの導入のタイミングは今だと思っています」

数字から課題を洗い出す

森本氏は会社立ち上げの直後から「業界初」のシステムをいくつも導入してきた。そのポイントは、「いかにムダを省き売上げを確保するか」という視点だ。20年前、市場で花を買い付けることが普通だった時代に、生産者と直接取引をする直販をスタートさせた。

葬儀業界は冬が忙しい。しかしこの時期は花の相場も高くなる。花の値段を抑えられればきちっと収益が上がる。なんとか一定の値段で買うことができないか。あれこれ考えて、花の仕入れ会社を立ち上げ、農協や生産者団体にかけあい、年間を通して一定価格で一定の数量を買い付けることに成功した。

同じ頃、小売店向けの花のネット販売も始めた。これも業界初だった。全国の小売店にも供花を卸していたが、日々入荷する花の情報をいち早く伝えれば（当時は携帯電話）、受注に結びつくのではと考えた。これも売上げ増につながった。新たなシステムを柔軟に取り入れるビジネスセンスは、どこから来るのだろう。

「大学は文学部でＩＴの基礎知識はありませんでした。ＯＬ時代は『ロータス１２３』『一太郎』の世界。ただ今まで一貫して経理を担当していて、数字から課題が見えるんですね。何でここにこんなコストがかかるんだろう、なんとかしなきゃと。それを今とは違う方法でできないか、と考えるクセがついているんです」

今後30年、葬儀件数は減らないという予測がある。しかし、葬儀の簡素化が進み、業界の見通しは明るいものとは言えない。供花を扱う仕事は、長時間労働、きつい、汚れる、といった厳しい現場で、他の中小企業同様、人材の確保に苦労している。いかに業務を効率化するかは死活問題だ。

そんな課題の切り札となるべく売り出す「セレサポ」。

販売価格はおよそ１８００万円。これまで、一社の葬儀社が購入しており、システムの効果はまだデータでは出ていないが、業務の効率化に加え、葬儀社にとっては弔電や供花や供物、返礼品の売上げ増加が見込めるという。

今後、全国600社の葬儀社に本格的に売り込んでいく予定だ。

成功の秘訣は「人」あるのみ

「どこと組むか、誰を巻き込めるか、目的を把握しているか」。森本氏は、システム導入・活用の秘訣にこの3つを挙げる。

「社内にＩＴの人材が必ず必要です。システムの意義を理解してくれる開発者と組めるかどうかが結果を左右します。また、現場の声をいかに拾うか、現場を巻き込めるかも重要です。いいシステムを作っても、使ってもらえなければ意味はありません」

時代の流れで、家族葬や直葬が増え、弔電やお悔やみを伝える「場」そのものが減っている。「セレサポ」を通して、故人への想いをweb上で共有できたらどんなにいいか。本来の葬儀のあるべき姿を追求する。

「業界が変わっていけばいいなというのが最終的な夢です。どこまで行けるか」森本氏の本当の挑戦はこれからだ。

POINT!

HDフラワーホールディングス

①女性目線のきめ細やかなシステム

森本常務の丁寧なビジネスの目線と対応が業務の課題解決やシステムの機能に反映された。

②専門家に一任

専門家と目的・理念を共有し、開発業務を任せることができた。社内で何でも抱えこまずに、専門家に早い段階でアウトソーシングしたことでスムーズな開発を後押しした。

③業界の常識をＩＣＴ化で打破

古くからの慣行が残る業界にあっても業務効率、サービスの向上を目指し、イノベーションの源泉を生み出した。

CASE STUDY 3

粟おこしの老舗が「おからクッキー」でショッピングモール1位になるまで

株式会社神林堂

―― 代表取締役社長　岸本憲明

■株式会社神林堂

設　立：1879（明治13）年

本　社：大阪市福島区福島7-11-43

明治13年創業の大阪名物「粟おこし」を代表とする製菓業。

新商品開発、ネット販売に乗り出し、「おからクッキー」は、楽天ショッピングモールでランキング第1位の常連。

戦後の大阪で、神林堂の〝粟おこし〟が大阪名物になった理由

インターネット通販は、「販売促進にはお金がかからない」と勘違いしている人もいる。だがインターネットの世界では、お金をかけるべきところにかけないと売れない。〝おからクッキー〟で楽天ショッピングモール1位入賞の常連店である神林堂。楽天のクッキー・スイーツ部門でトップを独走し続ける神林堂の成功の陰にも、やはり本気のＩＣＴ活用術があった。

「私ども大阪名物〝粟おこし〟の老舗『神林堂』は、１８８０（明治13）年からの創業で、私は5代目に当たります。当初は祖父が建てた4階建ての工場に従業員が１３０人以上いて、宮家の高松宮様にもお越しいただけるような、威勢のいい商いをさせていただいておりました」と言う岸本氏。戦後の高度経済成長期の中で、神林堂の〝粟おこし〟は大阪土産の定番になっていった。

「おかげさまで、キヲスクと取引をはじめた第1号のお菓子屋にもなれました。地方の方が列車を使って買いにこられたり、東京大阪間の出張のお土産としても喜ばれました。大阪の百貨店にも店舗をもつことができました。賞味期限が長くて日持ちのするお菓子として〝粟おこし〟

は重宝されたのでしょう」（岸本氏）。

さらに新幹線が走るようになり、ますます需要は増えていった。〝粟おこし〟販売のピークは大阪万博が開催された1970年頃だといわれる。そんな最盛期を迎えたとき、岸本氏はまだ子どもではあったが、それをじっと静観していた。「商人の子で生まれた気質からなのか、漠然とですが世の中における〝粟おこし〟の行く先は見えていた気がします。交通事情が良くなれば〝お土産〟という概念もなくなる。保存技術がもっと進めば、大福やら生八つ橋のような美味しい生菓子には勝てないんじゃないか。〝粟おこし〟は、なくなりはしなくても当時のように大きな商いになることはない」と感じていた。

バブルが弾けて本気になったときに生まれた、神林堂の〝おからクッキー〟

岸本氏が神林堂に入社したのは1980年代後半。日本も安定成長期に入り、バブル景気がやってきた時代である。

「世の中の好景気に乗って、父も自社ビルを建ててテナントにビルを貸す商売を始め、神林堂としてても順調に見えました。しかし、やがてバブルは弾けました。うまくいっていると言っても、実際には目の前に現金があるわけではなく、含み損ばかり増やしていたというただの錯覚。私どものやる商いではなかったのです。幸いなことに、父は第2ビル、第3ビルは建てていなかったので持ちこたえたのですが、テナントは出てしまうし、家賃は安くなるしで、結構きつい時期もありました。今では、ありがたいことにあのビルが化けちゃいまして、とんでもない資産になっていますが……」と岸本氏は笑う。

バブルが弾けて目が覚め、本気で大阪名物〝粟おこし〟に続くヒット商品を考えよう、ということになった。「うちは菓子屋だしな。何ができるかな。〝粟おこし〟は自信あるけれど、クッキーなんか作ったって今さら洋菓子屋には敵わない」。そこで考えついたのが「健康」「ダイエット」「女性」「シニア」「ペット」というキーワードと、自社製品を結びつけることだった。

こうして岸本氏は、まず自社の機械でできるものから試作を始めた。日曜日に会社に出て、自分で生地を練る。お米のパフを作って、お付き合いのある会社に配ってみたりもした。いろいろと試していたら、ペットフードのドギーマン社から声がかかり、OEMで10アイテムほど、ペット用のクッキーなどを作らせてもらうことができた。

次にそのノウハウを使って、人の口に入るものにシフトしようと試みた。「和菓子屋だし、米がいいかな？　それとも、おからかな？」とまた生地を練っていたら、今度はサプリメーカーからお声がかかり、その結果、初めて「おからクッキー」を作って製品化にこぎつけた。

「弊社の〝おからクッキー〟は非常に利益率の良い商品です。それはわかっていたものの、あるときに販売先のウェブページを確認したら、その〝おからクッキー〟に驚くような販売価格がついていました。『まとめ買いがお得！』『わけあり！』というような手法で、その値段の高い商品がバカみたいに売れていくのです。ですが、『インターネット販売で売れるとは、一体どういうことなのか』、まだこのときは、よくわかってはいませんでした」と岸本氏は振り返る。

楽天でも最初はまったく売れなかった。でも〝おからクッキー〟には商品力があった

インターネットの「楽天ショッピングモール」を知ったとき、「インターネットでかなり売れるんや！　これからはインターネットの時代や！」と岸本氏は思った。

「この頃は下請けとして商品を作っていた時期で、何度も様々なおからを使って試作していました。『これは売れるけど、これは売れない』という商品もだんだんわかっていきました。美味し過ぎるとカロリーが高くなるからダメ。カロリー控えめで体に良いものを追求すると、薬のような味で美味しくなくなってしまう。この試作を積み重ねて、とうとう黄金のレシピを見

つけたのです」（岸本氏）。

この〝おからクッキー〟の黄金のレシピをもって「自社でやらせていただきたい」とお断りを入れて、下請けからついに独立したのである。満を持しての、楽天ショッピングモールへの出店だった。

「弊社の〝おからクッキー〟は、楽天モールでは後発組でした。トップ店舗のレビュー数はすでに1万件を超えていましたが、どう考えても「うちの商品を買ってくださったほうが喜んでいただける！ との確信がありました。弊社の〝おからクッキー〟は、おからもある程度の量が入っていて、美味しくて腹持ちも良い。なおかつダイエットにも効く。他社では、美味しくてもおからをたったひとサジ入れるだけで〝おからクッキー〟としているものもある。やっぱり神林堂の〝おからクッキー〟には、どこにも負けない商品力があると自負していたのです」（岸本氏）。

しかし、その自負心もすぐに壁にぶつかってしまった。「誰も探してくれない」「キーワード検索をして、何ページ探しても出てこない」など、インターネット通販の現実とは厳しいもので、最初はまったく売れなかった。それでも少しずつではあるが、だんだんと商品を認めてくれるお客様も増えてきて、レビューの書き込みが増加。じわじわとランキングを上げていった。

そして、気づくと楽天のクッキー・スイーツ部門のランキング1位の常連店に育っていたのである。

インターネット通販で忘れてはいけないのが「商品力」だと言う岸本氏。さらに「ウェブ上の購買ボタンも人間が押しているということを忘れてはダメです」とも言う。商品力がないと、たとえ一時的に売上が上がったとしても、競合他社が本気になって商品力を上げてきたり、少しでも不良在庫が出たりすれば、翌年には廃れて消えてしまっている、という例はよくある話だからである。

金をかけるべきは、SEO対策よりショッピングモールの広告

インターネットの世界では、キーワード検索によって出てくる順番次第で売り上げが変わる。商品が10ページ目までに入ると売れ始め、2ページ目になるとたくさん売れるようになり、トップページとなるとその何十倍、ファーストビューとなるとさらにその何十倍も売れていく。そうなるために、人の目に留まるようにするには、やはり「広告」の力を借りることである。

当初、神林堂も検索上位を狙って、自社ホームページに月々何万円もかけてSEO対策を行っ

たことがある。ところがまったく売れず広告効果はなかった。それもそのはずで、検索しても自社ホームページが見つからなかったのである。そのときに検索上位に出てきたのは、同じ自社店舗でも楽天やＹａｈｏｏ！のショッピングモールのページだった。そこで、岸本氏は楽天やＹａｈｏｏ！ショッピングモールの広告にお金をかけることにした。費用対効果を考えても、その方が売り上げを上げるのが早いと判断したのである。

「楽天、Ｙａｈｏｏ！のショッピングモールの広告については、それぞれ弊社の広告営業窓口の担当者にタイミングなどを提案してもらい、お任せするようにしていますが、すべての決裁権をもつ私が直接パソコンを触ってウェブページの管理をしています。そのため直接担当者からの連絡を受ければ、広告を出す時期やタイミングも逃すことはありません。また楽天モールでは、ビックキーワードで検索されて引っかかるほどに売り上げが上がります。広告で目にしてもらって楽天の検索で見つけてもらえるようになったら、次はお客様からいただく評価の星の数とレビュー数に注目します。食品の場合は必ずと言っていいほど、購入の際の検討材料とされるからです。また、楽天のレビューは、どんどん追加されてページ上に溜まっていきます。広告でどこよりも最初に見つけてもらい、利用していただいてレビューをたくさんもらっておけば、楽天での検索表示で、上位に上がってくるのにも有利になります」（岸本氏）。

神林堂の〝おからクッキー〟の評価は、満点の5に近い4.5。レビュー数もダントツ1位を誇る。「楽天ランキング1位の常連の売り場をもつ会社」として、今では銀行も信用して融資してくれる会社になった。

一方、最後に〝おからクッキー〟とは逆に、広告にお金をかけず、自社ホームページにこだわってしまったお店の例を1つ。神林堂の同業社で仲良くしている和菓子屋の話だ。どこかのホームページ業者に依頼してインターネット通販の販売店をウェブ上にアップしたところ、「毎日のアクセスが300を超えるのにお菓子は売れない」と、岸本氏のところに相談に来たという。岸本氏が「この300アクセスは全部、広告業者。何かを探しとるだけ。おたくの商品をわかっている人は、直接買いにくるはず」と言うと逆に怒られてしまった。さらに、「おたくのような有名なお店は、楽天ショッピングモールに出店したらすぐ売れるから、広告にしっかりお金をかけたほうがいい！」と助言しても、そのお店はそうしなかったという。

岸本氏によると、「その店の商品は美味しい。だけど賞味期限が短くて、現地でしか買えない。でも通販であれば発送ができる。それだけの商品力がありました。だけど広告にお金をかけなかったから、楽天ショッピングモールの18万5000アイテムの中に埋もれて、終わってしまった」という話である。

「インターネット通販をするならば、人任せにしないで自分で積極的に関わること」を心掛けてきた岸本氏。「インターネット通販は、勝ち組と負け組がはっきりします。私どもがネット通販を始めた10年前は、参入業者は今ほど多くはなかった。今はそこから抜き出るまでの競合層が厚くなりました。何度も広告の力を借りて、繰り返し露出して人の目に留まるようになり、そこでまた再び広告の力を借りて、競合を突破して勝ち組に入るのです。大気圏は突破すれば、無重力です。宇宙に行けば、慣性の法則でどんどん先まで行ける。たまに隕石とかが当たったりして問題に遭遇するかもしれません。でもそんなときに、またエンジン（広告）をふかせばいいのです。きっとこの先は、スマートフォンで検索なんかしなくても、空を見ているだけでクッキーの味まで想像できるような時代がいつか来るでしょう。そうするともっと三次元的に、商品力のあるモノが、上から一度で見渡せるようなショッピングモールができるようになるのではないかと思います」と未来の夢まで語ってもらった。

POINT!

神林堂

①インターネット通販に特化

下請けを脱却する際にリアル店舗には目もくれず、ネット上のショッピングモールでの展開に一点集中して取り組んだ。楽天のショッピングモールでトップの実績をあげることにまい進。今やそのノウハウが貴重な資産になっている。

②「商品力」を最大の武器に

ネット上のショッピングモールだからこそ、「商品力」を前面に押し出した。徹底して良質の商品を開発し、評価をしてくれるお客様を大切に積み上げていった。

③広告の仕組みを徹底的に研究

ショッピングモールにおけるプロモーション効果を最大限に高めるためインターネット通販の仕組みを徹底的に研究した。ネットのショッピングモールでの広告をいかに有効に活用するか、どうやってショップ内での上位表示をキープするかという点に集中して取り組んだ。

CASE STUDY 4

介護現場でICT化が進めば、ICT導入のメリットが本当に実感でき、経営改善にもつながる

株式会社シーナ

―― 代表取締役　糟谷有彦

■株式会社シーナ
設　立：2001（平成13）年8月
本　社：神戸市兵庫区大開通5丁目2-22 シーナ神戸大開ビル
資本金：2,400万円
サービス付き高齢者向け住宅・介護付き有料老人ホームをメインとして介護事業・住宅事業を展開。関連事業である給食事業、グループ法人として、ITシステム開発会社、介護人財専門派遣紹介会社も展開。

両親への思いをもとに介護事業を展開

株式会社シーナは、デイサービス、訪問介護、居宅支援事業所などの介護サービス事業を神戸、東播磨エリアの11ヵ所で展開するほか、介護事業者を支援するための各種事業を手掛けている。

社長の糟谷有彦氏はもともと、介護ソフト開発の会社で営業を担当しており、その代理店事業として2001（平成13）年にシーナを設立。糟谷氏は当時、自身にも脳こうそくで左半身まひになった要介護度4の父親がおり、その介護に当たっていた母親の苦労を目の当たりにしていた。両親を亡くした後、「両親にしてあげられなかった親孝行を事業に」との思いから、2003（平成15）年に運動機能の向上を目指したデイサービス施設を神戸市内に開設したのを皮切りに介護施設事業に参入。2009（平成21）年からは「翔月庵（サービス付き高齢者向け住宅・介護付き有料老人ホーム）」をメインとした住宅事業もスタートした。

また介護に付随するサービスである給食事業、介護人材専門派遣紹介事業、教育研修事業にも進出。これらの事業は、創業事業から派生した介護システム開発事業と共にすべて他の介護事業者向けにサービス、販売を行うことで広く介護事業者をトータルで支援できる事業展開を目指している。

保険請求業務だけでなく記録業務のIT化を推進

当初の介護ソフト事業では他社が開発した保険請求システムの販売代理を行っていたが、2001（平成13）年に介護保険制度がスタートし、販売先の介護関連事業所を回るうちに現場業務の多くの事務作業においてIT化による効率化が求められていることを実感。自社内にソリューション事業部を設け、IT、システムを活用した業務改善ソフトを開発。介護施設・事業所向けの業務システムなどを提供してきた。

そこへ2010（平成22）年に合流したのが、もともと糟谷氏が独立前に在籍していた介護ソフト開発会社のエンジニアだった熱田和則氏。以来、ソリューション事業部門の責任者としてシステム開発に携わり、現在はグループ全体のシステム開発部門を統括している。

その熱田氏は「介護業界は、中小規模の事業者が多いためIT化を進める投資余力がなく、できたとしても介護保険請求システムを導入するところまでが精いっぱいというのが実態だ」と指摘する。事業を牽引する糟谷氏、熱田氏共にソフト開発と販売に関わってきた。その経験と従来の介護というアナログの現場経験が見事に融合することになる。

さて、介護保険請求の次にＩＴ化を進めてきたのは記録する作業だ。例えば職員の出退勤管理もその１つ。介護保険事業者には自治体からの監査が入るため勤務実態を明確にしておく必要があり、全職員の出退勤管理がきちんと記録として残されていなければならない。多くの事業所ではこの記録作業を表計算ソフトなどで管理しているケースが多く、使い勝手が良くない。これに対し、システム化することでＩＣカード付きの社員証により出退勤時間が自動的にデータとして記録されれば、そのデータを給与計算にも反映させることができる。「様々な介護サービスを展開している事業所の場合、施設によって勤務形態がバラバラで、しかもあらかじめ組まれていたシフトが突発的な事情で変更されることもあり、記録と給与管理をどう対応させていくかを考えながらシステムを進化させていきました」と熱田氏は話す。

介護職員がサービス利用者とより多く向き合えるように

また、介護保険は改定のたびに請求点数が絞られているが、要介護者に対するリハビリテーションサービスなど、身体機能の維持、改善につながる取り組みなどに対しては点数加算をつけられるようになっている。この加算を取得する場合には、事業者側にはきちんとした記録を残さなくてはならない。その方法はまず利用者ごとに訓練の計画書を作成し、そこにケアワーカー、ケアマネージャー、看護師などの助言がどのようになされたかを書き込む。さらにその計画書に基づいて、実際にどのような訓練がどれくらい行われたのかをまた記録していく。これら煩雑な入力作業はＩＴ化により簡略化することができるため現場職員の作業負担を減らすことにつながる。

「我々システム開発担当者は、システムやソフトに委ねられるところはすべて委ね、介護職者が利用者と向き合い、どうしたらより利用者の能力を引き出してあげられるかを考える時間をより多く作ってもらいたいという想いがあります」と熱田氏。

ＩＴ化は事務作業だけにとどまらず利用者の記録にも活用できる。具体的には、利用者が来所した際にはまず血圧、体温、脈拍といったバイタルデータを測定するが、こうした作業も簡略化するためその場でタブレットに入力し、データを転記することなく保存できるようにしている。いずれはブルートゥース機能付きの測定機器を導入して、データを飛ばせるようにできれば、さらに負担を減らすことができる。

提供者、ユーザー事業者の密接なコミュニケーションを大切に

シーナのシステム開発における最大の強みは、介護保険請求ソフトの販売で築いた約1000社に及ぶ介護事業関連会社のネットワークだ。取引や保守サポートのタイミングで事業者ごとの困りごとを聞く機会があり、システムの改善や新しいシステムの開発に生かすことができている。そして開発過程においても、自社で介護の現場を抱えていることから、そこでまず試験導入をして不備のある箇所を事前につぶしてから商品化していくことができるため、より実践的なシステムを作ることができる。「介護事業システム・ソフトの多くはどこでも使える標準の機能を用意していますが、残り3割は各々の事業所に合わせたやり方へとカスタマイズして完成に至ります。そのためにも、我々システムやソフトを提供する側と、利用する事業者側が密接にコミュニケーションをとらないと、本当に役立つものは構築していただけないと感じています」と熱田氏。

また、導入先がどのようにシステムを導入、活用しているかまでを見届けることで、介護現場におけるICT導入の成否を分けるポイントも見えてくるという。「経営側が新たなシステ

ムやソフトを導入したいと考えていても現場の職員が導入のメリットをしっかりと感じ、活用しようという意識がないと浸透していきません。トップ自ら率先して現場にしっかりとメリットを説明できる事業者ほどはっきりと成果を出せています」。

保険請求と記録が連動化できるシステム開発へ

ただ、まだ課題も多い。例えば、他社が開発した保険請求ソフトと自社で開発してきた記録するためのソフトがまだ連動できていないことだ。「食事の記録やリハビリテーションのための運動の記録はそのまま保険請求にも使われるデータであり、これを連動させることができれば現場の入力作業の負担を大幅に軽減させることができます」と熱田氏。ただ、自社のシステム開発担当者は3人しかおらず、その余力がなかった。

2016年9月、シーナは介護保険ソフト開発を行っている有限会社システムプラネットを子会社化した。システムプラネットは後継者がおらず事業を存続させていくために事業の受け入れ先を求めていた。一方、シーナ側は開発担当者を増やし、より商品開発に注力していきたいと考えていただけに渡りに船の話だった。システムプラネットから12人の社員を引き継ぎ、開発担当者は従来の5倍に増強された。

12人の社員については、シーナが運営する介護事業所・施設・住宅を3、4日かけて回る研修を行う。「開発担当者はなかなか介護の現場を見る機会がありません。実際に利用者とどんな風に向き合っているのか、どんな作業が生じているのか、そして何で困っているのかを理解してもらうことによって、何のためにシステムが必要とされているのかを実感してもらいたいと考えました。研修を受けた社員の1人は介護現場のあわただしさを感じたようです。開発は要求されているものを作って終わりではありません。こうすればもっと便利になるだろう、負担が減るだろうという想像力を働かせて開発に当たってほしいと考えています」と熱田氏はその狙いを語る。

介護保険請求ソフトのほかに訪問介護のシフトを簡単に組める日常業務応援ソフトなどを商品化してきたシステムプラネット。これを子会社化したことは、人員だけでなく、顧客のネットワーク構築などでもシーナの経営強化につながっている。そして、今後は保険請求と記録が連動する一体型ソフトの開発に注力していく。

「加算請求をするためには記録を残しておくことが必須ですが、他にもそのための職員の体制がしっかりできていなければ請求できません。そこを出退勤管理システムと連動させることでより効率的にまた漏れがなく請求できるようなシステムを確立していこうと考えています。加算請求にはわずかでも漏れがあると請求ができず、事業者の大きな損失を招くこともあります。そうしたリスクを防ぐようチェックもできるシステムに作り上げていきたい」（熱田氏）。

介護事業者の経営改善にも役立つシステムを

介護現場のICT化は、保険請求や記録作業などの現場の事務作業の軽減にばかり焦点が当てられているが、介護業界全体の課題として、保険請求や記録などで集めたデータを経営に活用していくことが求められている。「利用者に対するリハビリ訓練の結果、その後の要介護度がどのように推移しているかが把握できれば効果的なリハビリのプログラムの方法を特定することもできますし、事業所ごとの収益の推移が把握できれば、これを経営改善に生かしていくこともできます。保険請求のデータだけでなく記録系のデータが付加されることでそうしたことも可能になります。これからも介護職員が利用者のために考える時間をより割けるように、そして事業者の経営に生かせるようにシステムの改善、開発に取り組んでいきます」と熱田氏は力強く語った。

POINT!

シーナ

①ソフト開発・販売の経験を生かす

糟谷氏、熱田氏共にソフト開発・販売の世界からアナログの介護業界へと飛び込み、デジタルの目線でアナログの世界で現場を見ることができる強みがシステム構築の各工程で生かされた。

②「記録」に着目するＩＣＴ化

「記録」するという作業がデジタル化による効率化の基本であることを十二分に理解していた。記録の工程を徹底してＩＣＴ化することにより、現場の効率化を大幅に推進させた。

③自社の現場で試験導入が可能

開発したソフトウエアを自社の介護施設などで試験導入し、フィードバックを繰り返しながら細かいところまで改善し、商品化していった。

CASE STUDY 5

コミュニケーションツールを適材適所で使い分け在宅ワーカーのチームワーク強化と業務効率化を実現

株式会社YPP（Your Partner & Planner）
—— 代表取締役　五味淵紀子

■株式会社YPP
設　立：2005（平成17）年2月
本　社：東京都中央区日本橋人形町2-24-4
　　　　にほんばしコスモ15ビル2F
資本金：960万円
中小企業中心に経理などの事務代行サービスを手掛ける。
業務マニュアルを作成し、育児や介護などでフルタイムで働くことができない登録メンバーがフレキシブルに仕事を担当する仕組みを構築。

在宅ワーカー活用の先駆けとして事業を展開

株式会社ＹＰＰ（Your Partner & Planner略、以降ＹＰＰ）は、２００５年の設立以来、事務代行業を営んできた企業だ。15年前、まだ在宅ワーカーや事務代行といった言葉が耳慣れない頃からこの事業を行っている。同社の主な業務としては、経理などの基幹業務、営業サポート、事務局運営補助や庶務の代役、あるいは倉庫管理の請負など、企業活動のあらゆる業務を在宅ワーカーが中心となり代行している。政府主導で働き方改革を推進する現在、在宅ワーカーの可能性をあらゆる企業が認知するようになっているが、そういった意識が薄かった当時からＹＰＰはこの事業を始め、多くのノウハウを集積している。

事業を開始した当時、在宅ワーカーの中心は子育て中の女性だったのだという。「乳幼児のいる女性の場合、子どもが突発的に熱を出すといったことが起こり得ます。1つの仕事に対して数名でチームを組むのですが、みんなが子育て中で自分がいつ作業できなくなるかわからないという環境で業務に当たることになります」と、五味淵社長は女性ワーカーたちの当時の厳しい状況を説明する。「在宅ワーカーの業務をもっと広く理解してもらいたい」。自らも女性である五味淵社長ならではの事業といえよう。

とはいえ、会社であれば、急に休むことになった社員がいれば、その代役を探すことも難しく、その社員でしかできない仕事があれば代替えもできない。YPPでは、スタッフがいつ休んでも不思議ではないという環境が前提となるため、必然的にいつでも誰でも業務を引き継ぐことができるような環境を常に考えながら行動することが当然の流れになったのだという。現在でいう属人化の排除と、業務の標準化を同時に実現する環境構築が早くから徹底されていたのだ。

「何か作業をするにもクラウド上のデータをチーム全員で補完し合いながら整理していきます。お客様も進捗が確認できますから安心していただけますし、1つの作業に対するマニュアルもより効率の良い方法が見つかれば更新されていくので、常に最新版が作られることになります。こうした環境を作るにはコミュニケーションツールが欠かせない存在です」と、五味淵社長はコミュニケーションの大切さを訴える。

チャットツールとテレビ会議ツールをメインに活用

「弊社では様々なアプリケーションやサービスを使いますが、在宅ワーカーや業務管理者、顧客企業の間で使われるのは主にチャットとテレビ会議です。チャットツールはChatwork社の『Chatwork』、それにZoom Video Communications, Inc.の『Zoom』がメインになります。このほか、クラウドストレージも多用しますが、顧客企業のコンプライアンスやICT文化に合わせるため、Dropbox、Googleドライブ、OneDriveなどを使い分けています。

また進捗管理にGoogleスプレッドシートを使うこともありますし、お客様のサーバにVPN接続して任意のディレクトリにあるデータを利用することもあります。基本的には業務の流れに沿ってチャットで確認し合いながら作業を進め、チャットだけでは不足するコミュニケーションをZoomを使って補っています」と五味淵社長。

チャットは顧客企業から依頼された業務ごとにスレッドを作り、その中でディスカッションをしながら作業を進める。この際、Chatworkがもっているコメントを編集・削除できる機能と、途中参加からでも以前の履歴が閲覧できる機能が効果を発揮しているという。

「コメントを入力してスレッドに投稿した後、入力ミスに気がつくことはよくあります。そのまま流してしまうと、訂正を重ねるなどの処置をしなくてはなりませんが、Chatworkはコメントを編集できるので修正が容易です。また、途中参加した在宅ワーカーがいても、スレッドの履歴を最初から閲覧することができるので、どのような業務の進め方をして、どのような会話があったのか、読み込んでおくことができます。これは情報共有という意味でとても効果的な機能だと思います」と五味淵社長は言う。

セキュリティに関してもChatworkはSSL/TLSによる暗号化はもちろん、チャット内で共有するファイルに対してもAES256を利用しているためセキュアな状態が保たれている。このため、ビジネス利用に際しても信頼度の高い情報共有が可能なのも特長だ。

ＹＰＰがZoomを使い始めたのは最近のことで、当初は他のテレビ電話ツールを使っていたが、それよりも画質が圧倒的に良いことがこれに変えるきっかけになった。ＹＰＰではテレビ電話ツールでＰＣの画面を共有して操作説明などをする機会が多いのだが、その画面が明瞭に見えるため、細かい作業を教える場合でも進めやすいのだという。

「以前使っていた他のツールでは、一度説明を止めて注目してもらいたい部分を拡大したりしていましたが、Zoomでは最初から細かい部分も見えているのでそれが不要になりました。また、他ツールの一部では共有した画面の表示速度が遅くなり乱れることがありましたが、Zoomは動作がスムーズなのも良いですね」と、五味淵社長はその良さを具体的に説明する。

さらに、Zoomでは画面共有機能を使った場合、相手の表情が画面の隅に表示されるようになる。つまり、画面共有をしながら、互いに相手の表情を見ることができるのだ。例えば、１

つの機能を説明し終えて『わかりましたか？』と聞くと、大抵の人は『はい』と答える。その返事が自信を持ったものか、疑問が残っているものか、表情を見ることで相手の理解度を推し量ることができるのである。

つまり、相手が疑問を含んでの「はい」だった場合は、説明を補足するなどの処理が追加しやすく、結果的に理解度の高いレクチャーが実現できるというわけだ。「表情が見えないと、説明に終始してしまいがちになります。在宅ワーカーの方に、わかりやすく操作を教えるという意味でも欠かせない機能ですね」と、五味淵社長はZoomを高く評価する。

ツールを導入する環境構築にも変化

現在、ＹＰＰでは子育て中の女性のほか、介護離職している人や、障害者を家族にもつ人、独立起業前の期間を利用して在宅ワークをする人など、非常に幅広い人材が集まっている。当然ではあるが、７５０名にも及ぶ同社に登録しているこれらの人材のＩＣＴリテラシーも千差万別だ。

「私たちが創業した当時は何かのツールの使い方を教える場合、ワーカーが戸惑いながら操作を覚えていった印象がありました。しかし、最近はユーザー側が何かしらのコミュニケーションツールを使っているケースも多く、ツール側も初めて触れるユーザーでも理解しやすいUI（ユーザーインターフェイス）を用意するなど、人もツールも進化している印象がありますね。ユーザビリティーが高く、直感的な操作が可能なUIをもつツールの普及や、ユーザー側のリテラシー向上などにより、以前よりもツール導入のハードルは下がっていると思います。

また、お客様との最初の打ち合わせをZoomでご案内するケースも多くなっています。ちょっと前までは考えられませんでしたが、それが失礼ではない文化に変わってきているのだと思います」と、五味淵社長は言う。

テレビ会議の良いところは移動時間が不要になることに加え、スケジュールを決める際の幅が広くできる点がある。こうしたメリットを享受できる企業やユーザーが多くなっていることから、Zoomなどのコミュニケーションツールの導入が加速度的に増えているのだろう。

五味淵社長が「弊社の会議室は一度に10名程度しか入れないのですが、Zoomなら人数を気にせず説明会が開催できます」と言うように、時間、距離、人数などを気にせずミーティングが行える環境が簡単に手に入るのは、業務効率を図る上で大きなアドバンテージとなるはずだ。

リアルな対面と併せてコミュニケーションを醸成

ツールをフル活用して企業のあらゆる業務を代行しているYPP。しかし、オンラインばかりではなく、リアルでのコミュニケーションを交えることで、業務や人材と深い理解が得られているのも大きな力となっている。リアルに人と会って話しをする、いわゆる五感を使ったコミュニケーションの大切さも、普段チャットをメインにしているからこそ再認識できるのである。

いかにオンラインによるコミュニケーションが増えても、実際に対面で話し合うことで理解が深まるケースは存在する。例えば、顧客企業の倉庫業務代行の一環で伝票の入力作業をする場合、実際に倉庫へ出向き、その伝票がどのように使われているかを見ることで、業務に対する理解度が飛躍的に向上することがあるのだという。

「伝票が発生する仕事の上流と下流の業務を見せてもらうことで、その立ち位置やスピード感などもわかります。それを見ることで、伝票管理業務の効率化はもちろん改善案が出てくることもあるので、とても重要なことだと考えています。私たちは『大人の社会科見学』などと呼んでいますが、協力してもらえるお客様には積極的に現場への立ち合いをお願いしています」と、五味淵社長は現場の大切さも強調する。

このほか、チームワーク醸成のために、ＹＰＰでは遠方の在宅ワーカーとも年に一度は本社のスタッフが会いに行くといったこともしている。リアルとデジタルを交えてコミュニケーションを高めていくことが、業務効率化や理解度向上のために必要なことだということだ。

「働き方改革を進めるうえでも在宅ワーカーを集めていき、登録者1万人規模にしたいですね。また、業務を請け負うだけでなく、業務改善や業務フローの見直しなどを提案できる人材を育成したいです。これによって新たなビジネスの創出につなげ、より安定した受注や収入向上を実現したいと考えています」と言う五味淵社長。最後に、ＩＣＴ活用による業務改善のコツを訊ねると、

「体験に勝るものはありません。私自身、子育てと介護をしながら仕事をしています。自宅で作業していると在宅ワークの良さも問題点も理解できるようになります。例えば、企業の管理職の方でも、2、3日でも良いですから、在宅で会社とつながってみると、ふだん奥様をはじめ家の方がどんな行動をしているか、どのような時間帯なら仕事ができるかといったことがわかるようになると思います。在宅ワーカーは高いスキルを持った人材の宝庫です。上手に活用して事業の効率化、業績向上を図っていただきたいです」。

POINT!

YPP

①在宅ワーカー事業の先駆者

女性のライフステージに合わせた働き方に向き合い在宅ワーカーとして時間を活用できるビジネスに取り組み、そこから出産、育児、介護に関わる様々な人々が集まっている。

②属人化の排除と標準化の実現

スタッフがいつ休んでも業務続行できる環境を構築することが前提のため、スタッフのアサインだけでなく、セキュリティや情報共有も徹底し、ノウハウを蓄積している。

③アナログとデジタルの好バランス

在宅ワーカーに年に1回、本社スタッフが面会に行くなどアナログをセットにし、デジタルのバランスを重視した施策をとった。また、在宅ワークが主流となるためビジュアルコミュニケーションを大切にしたツールを選定した。

CASE STUDY 6

リアルタイムに世界とつながるグローバル時代のキャリアアップにコミュニケーションツールをフル活用

グローバルライフデザイン
―― 代表　飯沼ミチエ

■グローバルライフデザイン
設　立：2017（平成29）1月
本　社：東京都大田区大森北2-3-15パシオンTokyo内
駐在妻のための情報交流サイト『駐妻cafe』を世界各国に住む約30人のメンバーで運営。
駐在妻のキャリア支援のための個人サポート事業も手掛ける。

海外赴任先へついていく駐在妻をサポート

グローバルライフデザインは、夫の海外赴任に帯同する、いわゆる「駐在妻」に対して、渡航前のオリエンテーションや、交流サイト、キャリア支援のための個人向けコーチングセッションなどを提供する組織だ。

「私自身が夫の転勤で5年間海外赴任の経験があります。そのときの体験や悩みを様々な人と共有することで、これから海外で暮らしていく方のお手伝いができると確信しました」と語るのは、グローバルライフデザインの代表を務める飯沼ミチエ氏だ。

飯沼氏は結婚してすぐに夫の海外研修に伴い北京での生活を経験。その後、上海への赴任、シンガポールへ異動など、約5年半の歳月を海外で過ごした経験をもっている。

「海外に居た当時も働きたいという気持ちはありました。海外での任期が終わり日本に帰国したときにもその想いは同じでしたが、いつ転勤になるかと考えると就職を決意することができませんでした。途方に暮れていたときにコーチングスクールへ行ったのが自分を変える大きなきっかけになりました」と飯沼代表は振り返る。

自分の経験が同じような体験をする人に役立ててもらえる。さらに自分にとってもそれがプラスとなる。そのことに気がついた飯沼代表の行動は早かった。最初は駐在妻向けにブログを書くところから始めた。これをきっかけにグローバルライフデザインを設立。駐在員の家族を支えるキーパーソンとなる「駐在妻」向けのサポートを始めることにしたのだ。

女性が活躍する時代においても、結婚後に夫の仕事の都合で海外赴任に同行する人は存在する。しかし、社会で活躍し続けてきた彼女らにとって、自分のキャリアを止めて、海外で慣れない暮らしをすることへの不安は計り知れないものがある。

「なぜ、私が仕事を辞めてついていかなければならないのか、見知らぬ国で生活していけるのか、といった渡航前の悩みはもちろんあります。さらに現地で暮らすことになっても最初のうちは良いのですが、そのうちに仕事ができないことへの葛藤が始まるのです」と飯沼代表は言い切る。

こうした駐在妻の中には悩みをもつだけならまだしも、メンタル的に深く落ち込んでしまう人も少なくないのだという。収入もなくなり、「夫に頼っている自分」に対して不安や違和感を抱き、社会から必要とされない人間だと思い込んでしまうのだろう。

「私は彼女たちが悩んでいる時間がとてももったいないと思うのです。その状況を変えて、ご自分の価値を再認識してもらい、駐在妻でもキャリアを積んでいけることを知ってもらうことが大切だと思い活動しています」。

コミュニケーションツールを活用してサービスを提供

グローバルライフデザインでは、不安や悩みを抱える「駐在妻」向けに様々なサービスを提供しているが、そのほとんどはコミュニケーションツールを介したオンラインでの対話がメインだ。

「インドやロシア、アメリカ、アジア、各国にボランティアメンバーやお客様がいますが、実際に対面でお話しする人は3割にも満たないくらいです。同じ日本にいても地方在住の方などと同様にコミュニケーションツールで対話しています」。

実際に使っているツールはSlack Technologies, Inc.が提供するチャットをメインとした機能を提供する「Slack」と、音声通話やテレビ電話機能を提供するZoom Video Communications, Inc.の「Zoom」だ。

「様々なツールを試しましたが、最終的にこの2つのツールが、私たちにはベストだと思います」と飯沼代表が言うように、両ツールは少しでもコミュニケーションツールを扱ったことがある人なら直感的に操作できるインターフェイスであることはもちろん、新しいメンバーの追加が容易であるなど、手軽に使える軽快なコミュニケーションツールとして評価の高いサービスである。

また、Slack、Zoom共に基本無料で導入できるという特長がある。これについても飯沼代表は「組織として初期投資を抑えるというメリットはもちろんですが、ボランティアメンバーやお客様にとってもツールを使うというハードルを大きく下げることにもつながっていると思います」と言う。

Zoomに関しては、複数人で時間無制限で使えるプランを採用しているが、ユーザーに課金が及ぶことはなく、通信環境さえあればどこからでもビデオ通話が可能となっている。

「ほかにもコミュニケーションツールはたくさんありますが、例えばFacebookやGoogleは中国ではアクセス制限されているので使えないこともあります。ワールドワイドで標準として使えることが大前提となります」。

国家の政策やネット環境によって使えるツールが限定されることはよくある。グローバルライフデザインのような世界中を相手にするサービスでは、そうした事情に影響されないツール選びが大切なのだ。

機能の特長を生かしたツール運用

「最初にSlackを勧めてくれたのはアメリカ在住のボランティアメンバーでした。当時は日本語に対応しておらず、他のチャットツールを使った時期もありましたが、その後、正式対応が決まり、日本人に馴染みやすくなったのはありがたかったです」(飯沼氏)。

交流会などではZoomを使っているが、これはURLを知らせるだけで相手を招待できる手軽さと、10名、あるいは100名といった規模でもルームが簡単に作成できる利便性の高さが魅力だ。

「通信環境が悪い国もまだまだ残っていますが、Zoomに関してはそうしたインフラ事情であっても、一定の品質が保てると評価が高いツールです。実際使ってみて問題が発生しにくいと思います。さらに、Zoomを利用したオンラインセミナーで、私やゲストが話すのを一方的に聞くだけでなく、『隣の方と話しをしてみてください』といったように参加者を任意の人数ごとにグループ分けすることが可能です。個人的にこの機能がとても素晴らしいと思っているので、これからも積極的に使っていきたいです」と言う。

話を聞くだけのセミナーではなく、自分からも発信できる形のセミナーは、利用者にとっても新鮮な気持ちが保てるうえに、頭に残りやすい。コミュニケーションツールの機能を生かし、楽しみながら参加できる工夫はぜひ見習いたいところだ。

ボランティアメンバー間の連携と信頼関係もオンラインで構築

「グローバルライフデザインでは、オウンドメディアとして「駐妻café」というサイトを運営しています。このサイトは、ボランティアメンバーと一緒に運営しているのですが、制作のためのミーティングなどで会話をする際にもSlackとZoomは欠かせない存在です」。

情報交流サイト「駐妻café」では世界各都市の生活や育児の情報ページの他、海外出産、子育て、教育といったテーマごとに体験談やインタビュー記事を制作、掲載している。貴重な現地の情報を発信し、皆で共有している。このほか、オンライン交流会もあるため、サイト運営は多忙を極める。

「メールマガジンで運営メンバーを募集してみたところ、すぐに20名ぐらいの方が名乗り出てくださいました。「駐在妻」の中には、豊かなキャリアを持った人も大勢いらっしゃいます。そういった方たちに手伝ってもらえるのは本当にうれしいです」。

現在、ボランティアメンバーは40名と増え、メンバーもデザイナー経験者やライター・エディター経験者、システムエンジニア経験者など、サイト運営に必要な人材が豊富に揃っている。また、メンバーの在住先は、日本、中国、台湾、シンガポール、タイ、インド、インドネシア、イギリス、ロシア、アメリカ、メキシコとまさにワールドワイドとなっている。各国の情報がタイムリーに発信され、蓄積されたコンテンツはオンデマンドでいつでも閲覧可能だ。

「時差もありますし、頻繁にすべてのメンバーと対話することは難しいです。そこでミーティングしているときの様子をZoomで録画しておき、参加できなかった人にシェアし、時間があるときに見てもらえれば意識の共有も図れます」と飯沼代表が言う。

意識の共有さえできていれば、目的を同じくするボランティアメンバー同士であれば連携できる。オンラインのみのつながりでも、信頼関係は構築可能なのだ。

「オンラインでの対話だけで信頼関係が築けるか疑問に思う方も多いと思いますし、リアルとは違う部分で気を付けるところはあります。例えば、カメラを使った会話でも表情が硬いままでは相手に感情が伝わりません。そこで同意を表したいときは大きくうなずく、うれしいときは笑顔を見せる、そういったリアクションをいつもよりオーバー気味にやるだけでも気持ちがうまく伝わるようになるものです」。

これはチャットのときも同様で、Slackのアイコンを使った表情表現などを多用することで、大きな違いが出るのだという。

「あるボランティアメンバーと初めてリアルで会えたときも、まったく初対面という感じはしませんでした。お互いに違和感なく会話ができるのは、オンラインでも関係性がきちんと構築できていたからだと思います。これがメールだけだったら、深いコミュニケーションは取れなかったかも知れません。また、時代としても10年前だったら、このようなツールも無かったですし、グローバルライフデザインの活動も広がらなかった可能性もあります。お客様やボランティアメンバーと密接な信頼関係を築けるのも今の時代とテクノロジーの進化があるおかげでしょうね」。

最後に悩みを抱える「駐在妻」へのアドバイスを飯沼代表に伺ってみた。

「行ってから悩むのは時間がもったいないです。海外へ行く前にどれだけ正しい知識と心構えができるかで、落ち込む時間も減らせますし、海外での貴重な時間も有効に使うことができます。私たちのところには様々な体験をしてきた人が大勢集まっています。どんなことで困るか、どうやって解決したか、ケーススタディでお教えすることができます。また、帰国してからどんな自分になりたいか、ロードマップにまとめると目的を失わずに前に進むことができます。駐在妻でもキャリアを積むことができますし、帰国してから仕事に復帰することも可能です。大切なご家族のためにも、明るい表情で楽しい海外赴任生活が送れるよう、私たちが精いっぱいサポートしたいと考えています」。

POINT!

グローバルライフデザイン

①オンラインで構築するハイパフォーマンスと信頼関係

初めて直に対面したときにも違和感を感じないほど、オンラインでのフェイストゥフェイスのコミュニケーションを重要視したことがメンバーの人間関係の円滑化を促進した。

②キャリアを寸断させない「駐妻cafe」という場づくり

コミュニケーションツールとして最大限に活用し、ハイパフォーマーである『駐在妻』のキャリアの寸断を防ぐことができた。

③海外情報ビジネスとしての取り組み

「駐在妻」たちのもつ海外の生の情報は他にない貴重なものが多い。情報ビジネスのデータとして蓄積され続けることが価値を高めている。

CASE STUDY 7

適材適所のシステム導入で実現する、現場と経営が一体になって取り組むICT利活用

株式会社コマデン
—— 代表取締役　古田島 康

■株式会社コマデン
設　立：1962（昭和37）年12月
本　社：東京都港区東麻布2-22-1
資本金：3,000万円
TV番組やコンサートなど、エンターテインメント業界の華やかな舞台の電飾を扱うトップ企業。
多彩なエンターテインメントシーンで培ったノウハウで、ハード・ソフトを進化させ続ける。

エンターテインメントを輝きで彩る電飾サービスを提供

株式会社コマデンはテレビやコンサートなどのエンターテインメントコンテンツに欠かせない電飾を提供する企業だ。演劇やアミューズメント施設、テーマパークなど、非常に幅広くサービスを提供している。

「昭和27年に電気工事店として創業しましたが、昭和30年代半ばぐらいから現在のような電気装飾業をやるようになりました」（古田島氏）。

当時、テレビ局や舞台などでは欧米の煌びやかなセットが注目され始めていた時代で、まだ電飾を行う事業者はおらず、たまたま取引先の紹介で「古田島電気商会」に白羽の矢が立ったのだという。「テレビ番組も年々派手になっていき、今でいうバラエティ番組のようなものがたくさん出てきた時代です。欧米スタイルの派手な演出には電飾が欠かせないため、私たちがそれを担当するようになったのです」（古田島氏）。

1962（昭和37）年には組織を法人化し、社名も「古磨電設株式会社」に変更し、本格的にテレビ番組への参入を開始。ザ・ビートルズの来日公演の電飾をはじめ、当時の歌謡番組、クイズ番組などでは欠かせない存在となり成長を続けた。その後、テーマパークや商業施設市場、コンサートツアーにも事業を拡大。1996(平成8)年にはLED制御技術やCG技術への取り組みも開始し、1999(平成11)年に、「株式会社コマデン」に社名を変更した。

「仕事では初期の頃から電気のコントロールにコンピュータを使っていました。当時は8ビットのマイコンユニットで機械言語を用いたプログラムを作っていましたが、電飾の制御系のテクノロジーもここ30年で飛躍的に進歩しています。最近ではCGへの取り組みも始めていることもあり、社内にはICTリテラシーが比較的高い人材が集まっています。事業が拡大していくと共に組織も大きくなります。人や機材が増えるに従い、手作業による業務管理が難しくなり、基幹業務のシステム化を考えるようになりました」(古田島氏)。

業務プロセスを大きく改善する統合型の管理システムを構築

コマデンがICTシステムの本格的な導入を考え始めたのは、2000(平成12)年を超えた頃からだった。受注量は下がることもなく経営も良好だったが、1つ1つの業務規模の差が大きいことや、期間も1日で終わるものもあれば、期をまたぐような大型案件まであるため、仕事ごとの原価や人件費などが見えづらくなっていたのだという。

「当時は請け負った仕事の内容によって資材を発注したり、手持ちの機材の手配をしたりするために、社内の各部署に言葉の指示や手書き書類が飛び交う状態でした。機材や人員のシフト配員もＥｘｃｅｌで作った管理表に都度入力するなど、いわゆる手作業が多く、集計するのに時間も手間も必要でした」（古田島氏）。

そのような状態では、経営に必要な経費の算出にも時間が掛かり判断を下すのが遅くなる。ＩＣＴの導入の機運がいよいよ高まった２００７年。コマデンは手作業での管理が多かった基幹業務のやり方を大きく変革し、主だったワークフローをすべてシステム化することにしたのだ。「弊社では外部から請け負った仕事を物件と表現しますが、この物件管理をシステム化し、それに関わる資材の仕入れや、機材の管理、人の手配や工程まで含め、一気通貫に管理できるシステムを開発することにしたのです」

営業が注文を受け、見積書を発行した段階から、以降の業務をすべて物件番号と紐づけることで、これに関わる機材の搬入搬出、必要となる資材の購買状況、人員の配置などが一元的に把握できるようになる。具体的には顧客管理、引合管理、見積管理、受注管理、物件管理、仕入管理、機材管理、要員管理、工程管理、そして売掛買掛管理という一連の管理システムを統合し、トータルで連携させる大規模なシステムとなる。

「基幹業務の効率化と経営にも必要となる経理情報の見える化を実現するためのシステムです。特に名称などは決めませんでしたが、呼び名は必要だったので『新基幹統合システム』と呼称することにしました」と古田島氏は説明する。

これは営業、現場、開発、購買、資材の管理など、同社を組織するすべての部署が対象になる一大プロジェクトとなる。「例えば、物件番号がなければ、資材の発注もできないようになっています。すべての業務に対して同じようにシステムを使うようにルールを決めたので、どの部署でもなんらかの形でシステムを使っています」（古田島氏）。

新基幹統合システムの稼働に合わせ、同社では物件が発生したら必ずシステムへの入力を行うようルールを徹底。これによって、手作業だった管理業務のほぼすべてがシステム化され、経営情報も正確でリアルタイムに近いデータ収集が可能になった。また、先に説明した通り、そもそも早くからコンピュータを業務に取り入れていたコマデンでは、当初の仕様決定には予想以上に時間がかかったものの、システム化したからといって、大きな混乱もなく、ほとんどのスタッフがいたってスムーズに使いこなせるようになったという。

働く人が恩恵を受けるICTが理想

システムが稼働して10年以上が経つが、現在でも新基幹統合システムはコマデンのビジネスの中核として運用されている。「これによって、大きな課題であった、経営判断に必要な情報の入手が非常に早く、正確に行えるようになりました」（古田島氏）。

物件（1つの業務）が発生した段階から、見積、必要資材の購入履歴、必要になった人員など、一連の情報が管理できるようになったので、原価や人件費がすぐに計算でき、なおかつ粗利も同時に見えるようになった。

「ICTによって業務改善は果たすことができたと思います。しかし、私たちがお引き受けする物件のほぼすべてが特注になるため、業務を一律化できない傾向があります。つまり、標準化が難しく、業務もお客様に合わせるしかないのが実態です」（古田島氏）。

コマデンが成功させた新基幹統合システムの導入はあくまでも同社のメイン事業の主要部分に適用したものになる。標準化することが難しい業務もあるため、そのすべてをデジタル化しようとは思っていないのだという。

「ICTを導入したら便利になる、というものではありません。適材適所で必要なところから取り組んでいくのが良いと考えています。思い切った施策も必要ですが、現場が疲弊するようなシステム化は避けるべきです。システム化するのであれば、まずは経営層がしっかりしたビジョンを持ってからでないと失敗が多くなるでしょう。現場が困っていることを理解し、システムによって効率化を果たすことでそれが改善できることを伝えることが大切ですね」（古田島氏）。

ＩＣＴ化ありきではなく、それが本当に業務改善につながるかをしっかりと考え、現場目線で検証することが大切なのだ。「機能を追加するよりも、そぎ落とすことで人が働きやすくなることだってあります。システムも使う人の身になって設計するべきでしょうね」（古田島氏）。

身近にあるＩＣＴ利活用のヒント

今後は人材１人１人の生産性やパフォーマンスを上げるための仕組み作りがＩＣＴに求められているのだという古田島氏。実際にその考えを体現している１つのエピソードを次のように教えてくれた。

「ある大規模な案件での例ですが、数十ある制御盤それぞれにＱＲコードを付けそれをスマホで読み取りサーバからその機器の情報が提供されるというシステムです。狭いスペースでの図面をもち込めない作業などが効率よく進み、その場でサーバ上にある機器のメンテナンス情報を更新することもできます」

「これは以前から考えているのですが、例えばコンサート会場で大掛かりなセットを組んで、いざ本番直前になったらうまく稼働しないということがたまにあります。そういうときは本社にいるベテラン技術者に連絡が入り、『なんとかならないか』と相談をもち掛けられるのです。もちろん、近い場所なら現場へ赴くこともできますが、地方などではそうもいきません。そこで、本社と現場をスマホ画像でつなぎ、本社から制御機器をリモート操作し、問題点を見つけて指導し、解決改善する。これこそ、まさに間近に迫った5G時代の理想のＩＣＴ活用ですね」(古田島氏)。

ノウハウの伝承はどの業種においても大きな課題となっている。例えば過去に手掛けた舞台の図面をデジタルで保存できるように加工してデータベース化できれば、それだけでも大変な価値のある情報源になるのだという。

「キーワードで検索して今から電飾を施す会場に類似する図面を検索します。それが見つかればチェックすべきポイントやセッティングなどがわかるので、成功への大きなヒントが掴めます。同様に特定の機器のクセのような情報はベテランがもっていることが多いので、それをイントラネットの掲示板などで共有できないか計画を練っているところです」(古田島氏)。

人を助けるテクノロジーこそ、今後のICTの進化の道筋になるのではないか。そんな予感をさせてくれるコマデンの取り組み。「確かにそういう方向もあるでしょうし、人を楽しくさせるのもICTでしょうね。例えば私たちの世界ですと、コンサートでみんながもっているスマートフォンを活用できないかという話もあります。一部実用化されているようですが、来場者にアプリをダウンロードしてもらい、一時的に画面をコントロールさせてもらうのです。来場者は音楽に合わせてスマートフォンを振り、液晶のカラーを私たちが制御する」(古田島氏)。

もちろん、実現には様々な課題があるため、今すぐにとはいかないが、そうした技術やアイデアがICTをさらに進化させ、あらゆるジャンルにそのテクノロジーが波及していく可能性はある。「そうした制御が実現できれば、日本中の高速道路の街灯をコントロールして、それを宇宙から見るなんていうことも、できるかも知れませんね。5Gの時代になれば見たこともないようなとても素敵な演出ができるようになるはずです(笑)」(古田島氏)。

企業の内側はもちろん、人々を幸な気持ちにさせてくれるICTは誰もが待ち望んでいるはずだ。コマデンの活躍に今後も期待したい。

POINT!

コマデン

①クリエイティブな現場はアナログを生かしたうえでＩＣＴ化推進

請負型のクリエイティブな現場では、すべての業務の標準化は困難。だからこそ、アナログの部分を残すことで、現場の疲弊を避ける。

②現場のＩＣＴ活用力を経営情報活用システムに生かす

新システムの構築には骨が折れたが、もともと現場中心にコンピュータ活用に習熟していた。だからこそ、システム構築後の運用はスムーズであった。

③現場が命、進化するＩＣＴインフラを駆使して現場力向上

本社と現場の連携を強化できるとより一層、現場力が向上する。５Ｇ時代を見据えて、いままでのＩＣＴ活用力を生かして、本社とアナログ現場をオンラインでつなぎ、業務改善に臨む。

CASE STUDY 8

ハンディ・ターミナルで多岐にわたる煩雑な医療ガス供給業務の効率化を図る

神戸サンソグループ

―― 代表（株式会社神戸サンソ 体表取締役社長）
岡野洋太郎

■神戸サンソグループ

医療ガス製造販売を中心に、神戸サンソグループ展開。

医療機器や関連機器、医療ガス供給設備の設計、施工、メンテナンス、在宅介護福祉用品等も手掛ける。

医療用ガスなど特殊な業務の標準化が課題

「医療用ガス」というと、一般人にはあまりなじみがないかもしれない。しかし、病院や在宅医療での酸素吸入などに幅広く使われ、医療の現場で命を守っている。神戸サンソグループは、医療ガスの製造・販売に特化した事業を展開する。岡野洋太郎氏（株式会社神戸サンソ　代表取締役社長）の祖父が、大正13年に「神戸酸素商会」として創業した。

その後、病院の機能が高度化し、医療ガスの供給だけでなく機器のメンテナンスも手がけるようになる。さらに在宅医療の機器や、介護関連のサービスにも事業を拡大。「株式会社神戸サンソ」「株式会社マンボウ」「株式会社サンメディカル」「株式会社グリーンテクノス」の4社がグループを形成する。

現在、同グループは多岐に渡る事業の効率化を目指し、ハンディ・ターミナル（業務用の携帯情報端末）を用いた医療ガスの販売管理システムを開発中だ。

神戸サンソグループは、作業の効率化を図るべくシステムの導入に試行錯誤を重ねてきた。

岡野氏は介護関連の企業を経て、2002年に（株）マンボウに入社した。入って感じたことは、グループ内の「業務の特殊さ」だった。仕事は医療ガスから介護用品のレンタルまで幅広い。ガス機器管理の手順は複雑で作業量も膨大だ。会社は4つだが、「実質20社近くの企業を運営しているようだ」と岡野氏は話す。

作業の煩雑さをスリム化するために、2002年、会計や販売管理の機能が組み込まれた市販のパッケージ・システムを導入。市販のシステムは、様々な企業に対応できる汎用性がある。この仕様に合わせることで、自社の特殊性が取り除かれ、業務が標準化できるのではとの期待があった。

また、市販のシステムは、誰もがある程度操作できる点でも安心だった。それまでは、システムの開発・操作をICTに詳しい1人の社員に依存していたため、緊急時の対応に不安があった。

しかし、結果としてこの導入は失敗に終わる。

システムを導入する上で、大切なことは何か。岡野氏は「現場」「翻訳」「目的」の3つのキーワードを挙げる。神戸サンソグループの経験から、このキーワードを検証する。

パッケージ・システムで「現場」にしわよせ

パッケージ・システムが失敗した要因の1つは、「事務所の多様性に合わせてほしい」という、社員の声が十分反映されなかったことだ。標準化された市販のシステムに、各事務所の業務を一律に当てはめることは難しかった。社員の負担が増える事態も発生した。

例えば医療ガスの配送業務。営業所が神戸地区と龍野地区に分かれ、同じ作業でも手順が異なる。

具体的には、それぞれ以下のようになる。

■神戸（エリアは狭いが取扱件数が多い）

①営業時間前に出勤、伝票を手書きで作成　②病院や個人宅に酸素ボンベを配送・空き瓶回収　③途中で受注があれば営業所にもどり対応　④配送終了後、営業所で書類作成、入力作業

■龍野（エリアが広い）

①営業時間に出勤、事務員が伝票を発行　②緊急の受注に備え、余分のボンベや伝票も積み込む　③配送・空き瓶回収（途中で営業所には戻らない）　④配送終了後、事務所で書類作成、入力作業

現行のシステムでは、伝票や納品書などは紙ベースでガス機器一台ずつに対応している。龍野では、配送スタッフは営業時間に出勤して事務員が発行する伝票を受け取れる。一方神戸では、取扱件数が多く、朝は配送スタッフが営業時間前に出勤し自ら伝票を作成する。夕方は営業所で改めてデータを打ち込んで伝票を発行する作業が発生する。余分な工数が増えて担当者には大きな負担になっている。

システム上の不都合も散見された。伝票や帳簿の元データがＣＳＶファイルとして抽出できず、同じ数字を改めて別のファイルに入力するなど、経理や総務などの内勤の社員に負担がかかっている。システム会社に掛け合っても「機能上できない」と言われるだけだった。

こうした問題を受け、岡野氏はオリジナルのシステムを開発・導入することに決めた。２０１９年４月現在、その開発を進めている。

「翻訳者」を入れ、社員の声をシステムに反映

システムには、使う側の「想い」が正確に反映される必要がある。予算の厳しい中小企業は、システム自体に投資したいため、間接的なコストは削りがちだ。しかし、一番カットしてはいけないのが「想い」を伝える「翻訳」の部分だと岡野氏は言う。

開発会社との意思疎通の難しさは、パッケージ・システム導入時に経験ずみだった。システムのプロの専門用語や考え方がこちらにはわからない。相手には、自分たちの業務の状況が伝わらない。まるで外国人どうしで話しているようだった。

このため岡野氏は、新システムの開発で「翻訳」の作業をＩＣＴコンサルタント事業を行うブレインワークスに依頼した。

開発スタートは２０１７年。まず社内でプロジェクトチームを立ち上げた。神戸市から岡山市まで広がる各部署、各エリアから10人ほどを選抜。２～３ヵ月かけて現状システムの課題と新システムへの要望を徹底的に洗い出し、業務手順も見直した。コンサルタントにも現場でヒ

アリングをしてもらった。

出てきた要望は、「パッケージ・システムは不可」「各事業所での作業効率のアップ」という2点に集約される。

医療ガスは、厚生労働省から厳しい管理手順が求められている。手作業ですべての管理を行うため作業量は膨大だ。この作業をカットすべくシステムに反映させたい。自社の要望をコンサルタントに細かく伝え、開発者に理解できる言語に「変換」してもらい、次の会議に備える。こういった作業を地道に積み重ねていった。

今回開発したシステムの大きな特徴は、ハンディ・ターミナルを組み込んだことだ。このシステムが稼動したら、どれほどの作業効率が上がるのだろうか。現在、数百台ある医療ガスの管理書類は、社員が1台ずつ手作業で作成している。この作業が、必要なデータをバーコードで読み込むだけで処理できるようになる。情報をデータベースに転送すれば、集計処理が自動で行われる。毎日の入力・伝票発行の作業が配送業務と同時進行で処理できる。また、社員の残業に頼っていた月次のデータ処理も自動化される。総体的にかなりの作業がスリム化されるだろう。

システムの本格的な稼動は、2019年の秋頃になる。

「目的」は社員とその家族の幸せ

システムを導入する際には、自社の現状を洗い出し、何のために導入するのか、どこに効果があるのかを明確にする必要がある。神戸サンソグループの場合は作業の効率化が目的だ。その先にあるのは「社員とその家族の幸せ」だ。

医療ガスの配送や営業は、繁忙期には朝早く夜も遅い。若い頃は進んで残業をしてくれた社員も、結婚して家族ができれば状況は変わってくる。家族から転職を勧められる社員もいるという。

人口の減少が進み、特に中小企業にとっては人材確保が大きな課題だ。会社の選択には家族の想いが大きく影響する。なんとか業務を効率化して、社員の負担を減らしたい。家族に喜んでもらえる社内環境を作りたい。「ＩＣＴの導入でそれが実現できたら非常にありがたい。コストをかけただけのことがあると思います」と岡野氏は言う。

新システムの当初の開発予算は5000万円。最終的には6000万円ほどになる見込みだ。ゼロからの開発で想定以上にコストがかかった。システムの出来栄えは何点か、との問いに岡野氏は、「80点」と答えた。マイナス20点は、介護保険の分野がシステムに組み込めなかったためだ。この機能を盛り込むとさらに数千万円かかるため、今回は断念した。

ICT＋αで問題の本質の解決を

システムを導入する上で大切な、「翻訳」「目的」「現場」の3つのキーワードについてみてきた。この視点は、システム導入を考えている企業にも参考になるだろう。もう一度、そのポイントを確認してみたい。

●「翻訳」

神戸サンソグループの場合「翻訳」の部分を、コンサルタントに依頼した。現場の想いを引き出してもらうという点では有効だった、と岡野氏は話す。優秀なコンサルタントはどう探せばいいのか。異業種の集まる勉強会、交流会などでは「必ずシステムコンサルタントが参加している」と岡野氏。ネットワークを張り巡らせ、常に情報を手に入れて、自社に合った会社を見極めていく必要がある。

また「翻訳」にあたる方法は、コンサルタントだけではない。自社で人材を育てる、開発業者とのコミュニケーション密度を高める、などそれぞれの企業に合った方法があるだろう。

●「目的」

システムありきで考えると大失敗する。何のために導入し、どこに効くのかを突き詰める作業が必要だ。医療ガスの販売は、1リットルあたり「何円何銭」の世界。一方システム開発は「100万円、200万円」の単位で価格が上がる。岡野氏は「価値観がちがう」と驚いたと言う。機能の追加以外に解決方法はないのか、既存のシステムで代用できないか、など、開発過程で的確な判断力が求められる。

●「現場」

システムの大半を扱うのは現場の人間だ。神戸サンソグループでは、開発当初から社員の意見をていねいにすくい上げた。思いがしっかり伝わることで現場に安心感が生まれ、建設的な意見が活発に出るようになった。

一方で、「システムを過信してはいけない」と岡野氏は言う。問題の根本的な解決のためには、あらゆる方法を総動員して柔軟に対応することが必要だ。「システムはあくまで1つのツール」である。

試行錯誤を経て自社開発にたどりついた、神戸サンソグループの新システム。業務効率で十分な効果が出れば、同じ課題に直面している他の企業の役に立つかもしれない。そう岡野氏は期待している。

POINT!

神戸サンソグループ

①システム構築の素人だからこそ、専門家にうまく頼った

自社のＩＣＴ担当者をサポートし、ベンダーとの媒介になってくれるＩＣＴアドバイザーを置いたことが、ＩＣＴ担当者の安心にもなった。またベンダーとのやり取りやプロジェクトの推進で有効だった。

②標準化できなかったからこそ原点回帰

システムはカスタマイズにこだわらず、現場業務をパッケージソフトに当てはめようとしたが、結局自動化できる機能や帳票に制限が多かった。だからこそ、しっかりと自動化したいこと、必要な帳票でシステム活用するべきポイントを再確認できた。

③システム移行にそなえて、全社業務の見直し実施

旧システムから新システムへの移行でトラブルがあった。ＩＣＴアドバイザーとのやり取りで、次回リースアップ時のシステム移行にそなえ、各部門の業務を見直し、次のシステム化要望項目のまとめが進んだ。

CASE STUDY 9

時代に合わせたICT利活用で、基幹業務の効率化はもちろん業務改善や働き方改革も実現

株式会社昇寿堂

—— 代表取締役社長　瀬戸良教

■株式会社昇寿堂

創　業：1947（昭和22）年4月
本　社：東京都中央区新富1-8-6
資本金：4,000万円
日本で初めてビジネスフォーム印刷機を開発。長尺印刷からセキュリティ印刷まで最先端の付加価値印刷物を提供している。

日本のコンピュータ史に欠かせないフォーム印刷のパイオニア

株式会社昇寿堂は1947（昭和22）年4月に創業した企業だ。計測記録用紙方眼紙などの各種帳票の製造販売から始まり、1948（昭和23）年に地図調製各種印刷を開始。1952（昭和27）年にはコンピュータ記録紙であるビジネスフォームを印刷する機器を国産としては初めて開発、製造するなど、日本におけるコンピュータ史を支えてきた企業として知られている。

「当時の日本ではまだビジネスフォームを作ることができる企業がなく、初代社長である瀬戸昇之助に依頼が来たのが始まりです」（瀬戸氏）。

その後、日本のコンピュータ産業の中核を担っていた日立製作所との取引を中心にニーズは拡大。昇寿堂の事業も成長していく。近年、同社はビジネスフォームのみにとどまらず、社会の幅広いニーズに応えるために、様々な製品を開発している。「コンピュータが普及していく中、私たちも新しい市場を広げるために製品開発を始めました。代表的なものは官公庁などで利用する複製防止機能を持たせた証明書類や保険証向けの印刷製品。鉄道で使うダイアグラムなどの特殊印刷製品などです」（瀬戸氏）。

住民票や印鑑証明書など、コピーをすると「コピー」「複製」の文字が浮かび上がって印刷される証明書類は皆さんご存知の方も多いだろう。また、1日22時間分の運航計画を記載するダイアグラムは、プリントすると4m以上になり、表裏に印刷された情報は関連性をもっているため、少しのひずみやずれも許されない特性を持っている。長尺の用紙に高精度な印刷を可能にする技術をもった企業は多くはない。首都圏のJR、私鉄のほぼすべてが昇寿堂にダイアグラムの印刷を依頼していることからも、製品の高い信頼性が理解できる。

「世の中のニーズを見て、こちらから一方的に示すだけではいけません。お客様が求めているもの、利便性が高いもの、問題を解決して差し上げられるもの、より良いもの、こうしたものをご提供できるようにすれば、おのずとご利用していただけるようになるのだと思います」（瀬戸氏）。

社会の構造を見つめてニーズを発掘するだけでなく、親身になってより良い製品づくりを志す。昇寿堂が提供する製品は技術的に優れているだけでなく、その姿勢があるからこそ多くの企業に愛されているのだろう。

メインフレームからクライアントサーバ型への移行を決断

古くからコンピュータに触れてきた昇寿堂のICTへの取り組みは、日本全体で見てもかなり早期から始まっている。「昭和40年代後半には既にコンピュータは取り入れていました。私の兄にあたる2代目社長の瀬戸恭平氏がコンピュータ好きで、プログラミングも自分でやっていました。当時のHITAC1シリーズを使って基幹業務システムを作っていましたね」（瀬戸氏）。

まだコンピュータが一般化する前のいわゆるメインフレームと呼ばれる汎用コンピュータの活用からICT化を進めてきた昇寿堂。そんな同社のICT史にも、いくつかの節目があったのだという。

「特に大きな変化があったのは2008年ですね。その頃まで基幹システムは従来のものを使っていましたが、いよいよクライアントサーバ型へ移行しようという話になりました。いわゆるレガシーマイグレーションというものですね」と同社常務取締役の村松孝義氏。

移行したのは、それまでメインフレームが担当していたすべての領域、つまり経理会計、生産管理、顧客管理などの主要となる基幹業務全般のシステムになる。Windows serverプラットフォームへの移行作業は、社内の情報システム担当社員らによる自社開発によって進んでいった。

「開発されたシステムは社内に設置したサーバで運用することになりました」(村松氏)。メインフレームからオンプレミスのクライアントサーバ型へのシステム刷新となれば、かなりの大規模改革になる。しかし、意外なことにそれを利用する社員は実にスムーズに移行できたのだという。

「特にシステム変更時に説明会などもしませんでしたが、大きな混乱もなくすぐに使いこなすようになりました。操作マニュアルは配布しましたが、私自身もそれを参考にすることなく利用できるようになりましたね」(村松氏)。

自社運用に慣れた社員が中心となって開発されたこともあるだろうが、そもそも昇寿堂全体のコンピュータリテラシーが高かったことも成功要因の1つなのだろう。

情報の検索スピードと分析力が大きく向上

「この新しい基幹システムでの最大の成果は情報を見つける速度です。データベースに格納されている特定の情報を検索する速度は著しく上昇しました」（村松氏）。

提供するサービスが高度化していくのに伴い、生産工程も複雑化していく。そんな中、実際の製造期間と顧客が希望する納期は必ずしも一致しないケースがある。

「過去に似たような案件があればそれをすぐに呼び出して当時の生産工程を参照することが可能になりました。ほぼリアルタイムにお客様と納期の相談ができるのは顧客満足の上でも非常に効果的です。これがなかった当時は、手作業で工程スケジュールを算出していたので大変だったのです」（村松氏）。新しいシステムへ移行させたことで、受注から納品まで横断的なデータ検索が可能になったり、大幅な業務効率化を実現できた好例といえる。

また、工程管理の業務改善にも今回のシステムがもつデータが役立てられている。

「例えば、印刷に入る前の準備プロセスにも時間と試し刷りのための費用が掛かります。単純に準備時間を短縮すると稼働率が上がると共に、無駄な試し刷りも減るのでコスト削減にもつなげることができます」（村松氏）。

準備時間は個人差もあるが、4色なのか、2色なのか、ミシンを入れるのか、穴をあけるのかといった印刷の仕様でも違いが生まれる。個人差の部分はスキルによるので一概に評価することは難しいが、システムがもっているデータを見れば印刷の仕様と実際の準備時間の相関関係を見つけることは可能だ。

「分析結果から、印刷準備プロセスの改善ができる部分と、個人差によるものを選別し、改善可能な部分を準備時間の短縮に充てるという方策をとっています」（村松氏）。昇寿堂ではこの方策により、準備時間の標準タイムを算出。それを目安に各社員が準備時間短縮へ向けて、様々な工夫を続けているのだという。

働き方改革にもデータを利活用

業務改善と効率化を常に考えてきた昇寿堂。以前から業務を現場任せにしてはいけないということに気がついていた同社では、担当する印刷機などが定型化しないよう、現場社員はローテーションですべての機械のオペレーションができるようにしているのだという。印刷機のオペレーションは担当化しやすい業務の1つになるため、それを防止する工夫を続けてきたのだ。これにより、現場社員はすべての業務が担当できるため、週次で提示されるシフト表を見れば、その週に何をすべきか考える余裕が生まれる。

「弊社では突発的な残業はほとんどなく、シフト通りの進行で業務が流れていくことがほとんどどです。社員の有休消化率も高く、残業時間も多くありません。現在の働き方改革での目安として提示された年間総実労働時間である1800時間は既にクリアしている状態です」（瀬戸氏）。

先ほども触れたデータ利活用による業務改善策と併せ、誰もが働きやすい環境が構築されているのだ。働き方改革に手間取っている企業が多い中、企業側の方策とデータ活用によって、自然な形で働きやすい環境を構築してきた同社の取り組みは多くの企業の参考になるはずだ。

また、昇寿堂では各社員がシステムへの要求を上げるための「改善要望」という仕組みを採用している。現場の上長が中心となり、社員の声を吸い上げ、それをシステム担当者に相談。実施に当たっては役員会を通して決定するという全社的な取り組みになる。

「システムを刷新した当時から、『せっかく新しいシステムにするのであれば、データ連携も強化してほしい』といった声がありました。最近では、現場管理者が現況を把握しやすいよう、営業成績などを業務別、カテゴリ別といったように多方向から分析したデータが見たいといった現場向けのダッシュボード機能への要求などがありますね」（村松氏）。こうした要望を受け入れ、少しずつ改善していくことで、昇寿堂のＩＣＴはしっかり確実に進化しているのだ。

日本にコンピュータが根付いた当初から、システム利活用によって常に業務効率化を実現してきた昇寿堂。「私たちが以前からICTに取り組んでこられたのも、当時のクライアントである日立製作所の影響が大きかったと思います。お取引をする以上、巨大企業と同等の業務効率化とコンプライアンスが求められるので、必然的にコンピュータ化に取り組まないといけない環境が既にあったことになります」と、瀬戸氏はこう謙遜するが、優れた指導力とそれを実現しようと取り組んできた社員一同の協力あってこそ、ICTとの共存が実現できたのだろう。

「最近はBtoCのサービスも増やしています。BtoB向けのサービスとは異なり、個人情報の取り扱いはもちろん、オンライン決済を導入するなど、新たなシステムも必要になります。そうした部分での業務改善や効率化を実現するためにも、システム改善やアップデートなどの取り組みは今後も拡張していきたいと思っています」（村松氏）。

「コンピュータや関連機器の進化によって、私たちの業務は常に変化します。今後もハードウエアやソフトウエアは変わり続けますから、私たちもそれに追従していかないとなりません。どんな時代になってもより良いサービスが提供できるよう、時代を見つめながら企業として成長を続けたいですね」（瀬戸氏）。

今後も昇寿堂の活躍に期待していきたい。

POINT!

昇寿堂

①業務改善と効率化の推進が自然と働き方改革の礎に

属人化しやすい印刷機械のオペレーションを業務改善と効率化で流動化。ＩＣＴを活用して工程管理が厳密にできているからこそ、働き方改革も自然体で実現。

②ＢｔｏＢからＢｔｏＣへのチャレンジ

長年のビジネスモデルはＢｔｏＢであった。様々な印刷技術、ノウハウを生かした新規事業にチャレンジ。Ｗｅｂ、ＳＮＳなどのビジネスプラットフォームを専門家の助言を受けながら推進中。

③現場からの改善要望を経営陣がＩＣＴの改良に判断

現場任せでもなく、一方的なトップダウンでもなく、協調型の現場の業務改善とＩＣＴ活用の実践スタイルが同社の特徴。ＩＣＴ活用を組織の風通しを良くするために使っている好例。

CASE STUDY 10

鉄筋職人が産み出した、鉄筋工事総合サポートシステム

株式会社アイコー
—— 代表取締役社長　相場康雄

■株式会社アイコー
設　立：1983（昭和58）年10月
本　社：東京都中央区日本橋小伝馬町15番18号
　　　　ユニゾ小伝馬町ビル2階
資本金：7,700万円
建築業界における鉄筋工事のエキスパート企業。
総合建設業者に対し、「総合鉄筋企業」として鉄筋に関するあらゆることを提案する。

株式会社アイコーは昭和58年創業の鉄筋工事に関する日本のトップ企業だ。鉄筋の加工・販売からスタートしたが、設計・施工まで業態を広げ、現在扱う鉄筋トン数は群をぬいている。東京スカイツリー、バスタ新宿、虎ノ門ヒルズ、渋谷ヒカリエなど私たちが普段目にしている著名な建造物はこの会社の施工によるものである。

しかし注目すべきは、職人の熟練や勘に大きく依存していた複雑な鉄筋の業務をICT化によって著しく効率化・見える化したことだ。これによって現場の仕事量は軽減し、ミスの減少、コストダウンが実現された。アイコーは独自でこのソフトを開発した。

長年にわたって蓄積されてきた現場職人の豊富な経験とチャレンジ精神と高いICTリテラシーをもった経営者のリーダーシップがこのソフト（鉄筋業界向け総合CAD作図支援ソフト・DIN CAD 30/50/100）を産み出した。今やこのソフトは同業他社にも多数導入され、業界全体の効率化、生産性向上と業務改善に貢献している。

複雑で多様な鉄筋の世界

圧縮に強いコンクリートと引っ張り力に強い鉄筋を組み合わせた強靭な構造物が鉄筋コンク

リートだ。コンクリート構造物の内部には網の目のように鉄筋が張り巡らされている。しかも、梁や柱、床や壁など構造物の部位ごとに、使われる鉄筋の種類、径、鉄筋の配置、間隔も多様となる。それらは構造計算に基づき建築基準法で細かく規定されている。

副社長の山下正夫氏に鉄筋の種類についてお聞きすると、

「引っ張りの強度によって現在SD295AからSD1275まで8種類の鉄筋があります。数字は引っ張りの強度を単位ニュートン/㎜で示しています。また径もD10からD51まで12種類もあります。これだけ多種類の鉄筋が存在する国は日本だけです。きわめて細かい鉄筋に関する建築基準が日本にはあって高い安全性を担保しているといえましょう」というお話しだった。

鉄筋の配置や間隔も重要な点となる。例えば、「かぶり厚さ」はコンクリート面から鉄筋までの最小距離のことをいうが、鉄筋が錆びて脆くならないようにするためにはこの「かぶり厚さ」を十分とることが要求される。また鉄筋同士をつなげる「継ぎ手方法」や「定着の長さ」も重要となる。「定着の長さ」とは一方の部材の鉄筋をのばし他方の部材に埋め込み結合させることをいう。この長さが鉄筋の種類や部材などによって異なってくる。定着させる鉄筋は端を90度ないし180度折り曲げて強固に定着させる。

鉄筋コンクリートとはこのように複雑な構造をもつ建造物であり、これを設計の段階で図面に記載し、多様な材料を入手して、工事現場で正確に取り付け加工すること、正しく施工されたのかどうかの検査まで、大変な作業の流れであることがわかる。

鉄筋工事業務をICTで効率化

アイコーはこの鉄筋業務をICTによって効率化・省力化を実現した。生産性は向上し、ミスは極端に減った。何より社員にかかっていた負担が大幅に減った。結果、コストダウンが実現し、災害事故も減少した。そこで、もう少し詳しく鉄筋業務の流れと、どのように効率化・省力化が図られたのかを見てみよう。

一般的には元請（大手ゼネコンなど）が基本の設計図（意匠設計・構造設計）を描く。最近はBIM（ビルディング・インフォメーション・モデリング）と呼ばれる3次元建物のデジタルモデルに様々な関連情報が加わったものも多くなっている。鉄筋業務では施工するための図面として必ず「おさまり図」（基準配筋図）というものを作る。かつては青焼きでスケルトン（躯体図）を設計から受け取り、その上に赤ペンで、寸法や配筋の位置など、現場で施工に必要となるすべての情報を書き込んでいた。

「この仕事は現場の職長（リーダー）の仕事で、現場でその日の作業が終了した後、自宅で翌日の図を何時間（4時間程度）もかけて書くのが一般的だった。手で描くのでミスも生じやすかったが、何より職長の負担が大きかった」と、山下副社長は振り返る。

この大変時間のかかる「おさまり図」「配筋図」のCAD作図を支援するソフトを自前で開発したのがアイコーである。この支援ソフトの登場によって、従来手書きで行っていた職長の負担が大きく減少した。例えば、柱の「おさまり図」を作成する場合、入力ウインドウへ躯体寸法、主筋径と本数、HOOP径、被りを入力し挿入点を指定すればできあがる。マウスでクリックするだけでスピード作図が可能だ。

従来大変時間がかかった作図作業がほぼ半分の時間に短縮されたことで、短縮化され余った時間は本来重要である納まり検討や打ち合わせに使うことができるようになった。また、正確な鉄筋量が設定され、工場側に発注指示されるため、無駄な鉄筋がなくなり、コストダウンが実現した。ミスがなくなったことが大きな成果だった。

DIN CADシリーズは現場から生まれた総合CAD作図支援ソフト

DIN CADシリーズは現在、「おさまり図」「配筋図」作成に特化したDIN CAD30、「加工帳入力システム」と連動したDIN CAD50、およびすべての機能が入ったDIN CAD100の3種類がある。今まで分断されていた「積算」「配筋図」「加工帳」など一連の業務がデータ連携されることになった。DIN CAD100の搭載機能は下記のとおりである。

①おさまり図作成支援　②CAD作図支援機能　③手入力加工帳　④CAD情報取り込み機能
⑤CAD集計加工帳転送　⑥重量明細書作成機能　⑦自動材料計算・作図　⑧パンチ入力機能
⑨梁計算機能　⑩CAD転送機能

一連の業務がデータでつながっているため、鉄筋業務全体が効率化されシステム化されている。例えば必要な材料はこのソフトによって瞬時に拾われ、集計され、発注され、工場で加工される。さらにアイコーの工場では「DIN工場管理システム」による入出庫管理によって、工程管理され、加工から本数、配送までミスなく行われている。

「DIN工場管理システム」もアイコーが独自で開発した「入庫から配送まですべての業務を

一元管理」するシステム（ＡＳＰサービス）である。例えばバーコードによる生産管理によって機械でラインごと、径ごと、材質ごとに仕分けが行われ、人為的ミスを防止してくれる。さらに入庫管理や配車管理も行われ無駄な作業を省いてくれる。

アイコーの２つの工場（群馬・埼玉）には世界からこのシステムを見学に来るくらい、評判の高いシステムだ。

現場の目線が中小企業のＩＣＴ化に必要

このソフトをなぜ自前で開発したのか、相場康夫社長にお話しを聞いてみた。

「鉄筋工事は大変複雑な業務で、ミスやロスが多く発生して、社員の負担も大きいものでした。この業務をなんとか改善しなければ今後の企業の発展はないと思い、技術と現場に通暁している一級建築士の山下副社長とタッグを組み開発することにしました。たまたま私は経済出身ですが、幼い頃からパソコンなどＩＣＴの世界には慣れ親しんでいました。また兄がＩＣＴ業界で働いていましたので協力していただきました。はじめは既存のソフトを、と思い副社長と二人でシンガポールまで出かけて探しましたが、そんな都合の良いソフトなど世界のどこにも存在していませんでした。結局、自前で開発することにして、大手ＩＣＴベンダーに相談しました。しかし費用が高いのは良いとして、本当に我々の複雑な業務を理解して、求めるものを開発できるのか甚だ疑問に感じました。この業界で実際働いた者でないと我々の求めているソフトはできないと確信し自ら作ることにしました」。

ソフトの開発スタートは２００９年、完成は２０１１年だった。とりあえず器が完成したあと、現場の意見や要望などを丹念に吸い上げ１０００回以上のバージョンアップを行った。バージョンアップは今も続行中だ。

「中小企業のＩＣＴ化がなかなかうまくいかない話を聞きますが、どういう問題をどんな風に改善したいのか、問題の根本を実際の現場で十分に洗い出すことが重要だと思います。そうでないとただ一般的な、言い換えれば現場で不具合が出てうまく活用できないソフトやシステムを買わされることになりがちではないでしょうか」と、相場社長は現場の大切さを説く。

ＩＣＴ化でもう１つの問題になるのが人材。ＩＣＴリテラシーをもつ人材の確保が企業にとって大きな悩みである。その点について山下副社長は次のように言う。

「御多分にもれず人手不足が続いていますが、幸い私が講師をしている建築の専門学校に優秀な中国やベトナムなどからの留学生がおります。この留学生が毎年我が社に入っていただき相当な戦力となってくれています。国際化が進めばさらに我が社のコアの人材になってくれると思っています。現在、作図はベトナムの関連会社（アイコー・ベトナム）で行っています。国内およびベトナムが連携して人手不足に対応しているといえましょう」。

アイコーのICT化は中小企業の1つの成功例

アイコーのICT化は相場社長と現場に強い山下副社長という絶妙なコンビが強いリーダーシップを発揮して実現したといえよう。その根底には非効率でミスが多い業界の現状をなんとか改革しようとする、業界への愛情と情熱があったといえる。

現在アイコーでは計画段階から工事施工段階、そして検査までの一連の工事を総合的にサポートするシステム（アイコー鉄筋工事総合サポートシステム）を構築中である。

アイコーが取り組むICT化は、業務の部分的改善にとどまらず、鉄筋工事全体を「シンプルでかつスムーズに進める」ための取り組みといって良い。何年か後の鉄筋工事業務は大きく変化と進化を遂げているであろう。その点でも、アイコーのICT化は中小企業の1つの成功例といえる。

POINT!

アイコー

①職人のもつ暗黙知を形式知へ

鉄筋職人の経験と勘の世界に支配されていた配筋業務をＩＣＴ化させたことにより、情報や知識の見える化を実現した。その結果、ミスや業務負荷が減り、職人の業務効率を推進することができた。

②オーダーメードという選択

自社の業務の特殊性を認識し、パッケージに無理やり業務をはめ込まず、オーダーメードという道を選択した。複雑な業務を徹底してシステム化したことで、業界から高い評価を受けることになった。

③外国人人材の活用

ＩＣＴリテラシーの高い優秀なベトナム人エンジニアを確保し、育成している。ベトナムの関連会社も含めた日本とベトナムの連携体制で迅速に人手不足の対策を打っている。

第2部

中小企業のICT化の本質を学ぶ

対談

ICT化成功の秘訣とは？

株式会社ナベショー
代表取締役会長兼社長
渡邉 泰博

×

株式会社ブレインワークス
代表取締役
近藤 昇

どこで儲けているかわからない

近藤：渡邊会長と初めてお会いしたのは異業種交流団体「ネクストワンズクラブ」の会合でしたね。最初にお話しをして最も印象的だったのは「どこで儲けているかわからなくて良い」と仰っていたことです。私が目指してきたことでもあり、とても共感できました。ただ、当社はまだ発展途上ですので、色々と勉強したいと思います。

渡邊：儲けようとしなくても人が集まっていれば自然と儲かるようになっているからね。なぜならば、そこに人が集まり、情報も集まるわけだから。これを説明しろといわれてもなかなか難しい。だから「わからなくて良い」ということなんです。

近藤：その考え方に私はまったく同感です。私たちも新しいタイプの情報ビジネスの会社だと、対外的にお伝えしています。日ごろ、私たちの事業の一面だけに触れている方たちにとってみたら、「情報ビジネス？」と首を傾げるかもしれませんが、説明すると納得してもらえます。表面だけ見ていたら決してわからないし、私たちもあえてそれを細かく説明することはしません。

渡邊：近藤さんの会社は「つなぐ」をキーワードにしていますよね。確かに国内も海外も様々な方々や地域をつないでいる。テレビ会議で打ち合わせもよくやっているけど、あれも「つなぐ」ですね。メリットはよくわかるけど、私は直接会うタイプかな。

近藤：コミュニケーションの基本はフェイス・トゥ・フェイスですよね。でも、テレビ会議でも顔と顔が見えますし、大切なのは肝心なときはしっかり会うことです。これも皆さんにお伝えしていることですが、少し誤解されるケースもありますね。例えば、飲み会など顔を突き合わせてしっかり飲むことを私自身は最も大切にしています。テレビ会議を効果的に活用しているベースには直接会って培った信頼関係があります。

社員が言うことを聞かなかったらICTを活用

近藤：渡邊会長のＩＣＴ活用で驚いたことは一緒にカンボジア、タイ、ミャンマーを視察してまわったときでした。ハノイの国際空港でご一緒だった際にタブレット端末を見ながら、色々と操作してらっしゃった。その場で見せていただくと、経営に必要な情報がダッシュボード化されて一元的に表示されていた。どこにいても経営に必要な情報をタブレットで把握している。本当に驚きました。渡邊会長のイメージからＩＣＴがあまり想像できなかった。日頃、ゴルフや飲み会など大変パワフルで、それこそアナログ的な行動が印象的だったので。

渡邊：長年、どうやったら会社という組織を闊達にして、仕事の成果を十二分にあげることができるのかを考え続けてきました。その結果があのようなＩＣＴ活用につながったわけです。

近藤：それにしても、今流行りのＲＰＡ（ロボティック・プロセス・オートメーション）の先取りをしている斬新な姿に見えました。

渡邊：いや、そんな綺麗な話ではなく、結局のところ社員が言うことときかなかったからＩＣＴを全面的に活用するしかなかった。

近藤：それはどういうことでしょうか？

渡邊：私たちナベショーの歴史はＩＣＴ化の歴史と言っても過言ではありません。社員を採用したくても人がいない。無理をして入社してもらっても退職してしまう。そんな状況を繰り返した不遇の時代が長くありました。「それならば人間の代わりにコンピュータに仕事をしてもらおう」。この発想が原点です。人がいれば問題を解決してくれるというわけではありません。人がいるから問題が起こり、解決に至らず、いたずらに問題自体が大きくなる。ミスも起こるし、判断も間違える。コンピュータはそんなミスや判断の間違いを起こさない。

ＩＣＴは問題解決を助けるツール

近藤：『ＩＣＴとアナログ力を駆使して中小企業が変革する』の書籍を私が発刊したときに差し上げたところ、読んでいただき、共感してもらい、本書においても渡邊会長に原稿の執筆をお願いしました。

渡邊：私が一番共感したのは「アナログ」の部分です。今の世の中、ＩＣＴを活用しなくてよい部分までＩＣＴに頼りきっています。例えば、メールを使うのは業務を短時間ですますために重要なツールです。でも、そのメールは相手とのコミュニケーションです。そこに心はこもっているのか？　メールではなく電話でも良いのではないか？　そのような「アナログ」的な部分を大切にしながら、いかにＩＣＴを活用していくかが重要な視点だと思います。

近藤：例えば、メモをとることが習慣化されている人間がＩＣＴを活用すれば、その成果は何十倍にもなります。しかし、そもそもメモをとる習慣ができていない人間がＩＣＴを使っても何の効果も得られません。基本はアナログの部分だと創業以来考え、社員にも最重要だと伝えています。

渡邊：ＩＣＴは基本的に問題解決を助けるツールだと思っています。ＩＣＴ化が目的ではなく、課題があるからその解決にＩＣＴを利用していると言ったほうがわかりやすいですね。例えば、問題があったときに、責任者にすぐに情報が共有される。今までの会社組織は係長や課長、部長などが介在し、一般社員の声が責任者まで届かない。だから、情報共有がしやすいフラット型の組織に変えてしまった。問題があれば、一般社員は私に直接情報を伝えてきます。私たちの会社は同業他社と比較すると社員も少なく、皆が営業に走り回っています。少人数でまわる仕組みをＩＣＴで作りだしているのです。

ＡＩにできないことにこそ価値がある

近藤：以前、ベトナムにもお越しいただき、ホーチミン、ダナンで当社主催のカンファレンスで講演頂きました。渡邊会長は、組織運営、人付き合い、事業構想など発想が飛びぬけていると感じました。

渡邊：「人の行く裏に道あり花の山」という言葉があるでしょう。私はそういう性分で、10人が右に行くと言えば、あえて左に行ってしまう。世の中に対する見方もそうです。今、世間で騒がれていることも、数年経てば「そんなことあったっけ？」となっているかもしれない。ブームに踊らされ、人と同じ方向ばかり向いていても大きな果実は得られません。それに同じ右に行った10人の中で9人追い越すのは大変ですが、左の誰もいない道なら楽に一番になれます。

近藤：「どこで儲けているかわからない」というのは、ある意味、渡邊会長のスタイルに合った考え方なんですね。わかってしまったら人と同じになってしまうわけですから。

渡邊：儲けることだけでなく、コストに対する考え方も違うと思います。皆、ICT化の効果をコスト削減という。そんなことはありえない。例えば、私たちはテレビ会議を導入しても出張や会議の数を無理に減らしたりしません。それはアナログの大切さを実感しているからです。誰もが、ICTを導入して目に見えるところばかりコストを削減したがります。しかし、大切なのは目に見えないところにコストをいかにかけるか、です。

近藤：結局、そういうICT化を進めて人と人とのコミュニケーションが希薄になり、結果として組織自体の力が弱まっていくだけだと思います。先ほども話がありましたアナログの部分だと思います。私たちもSNSやネットを最大限に活用し、様々な方々と多様なコミュニケーションをとらせて頂いています。しかし、一方ではどんなに遠くても直接会いに行きます。先日もベトナムから要人が来日されて兵庫県・石川県・北海道・東京都にお連れし、現地のキーマンの方々と交流しました。ある人は「そのような打ち合わせや会議もテレビ会議でやればコストも安あがりでしょう」と揶揄します。しかし、そうじゃない。ベトナムからはるばる来て、さらに現地に赴き、土地の美味しい料理を堪能し、現地のキーマンの方々とも直接会って、話をして、そして酒を酌み交わす。そうすることで見えることもあるし、逆にそうしないと見えてこないものがたくさんあることに気づきます。私たちもその「見えない部分のコスト」を大切にしていきたいと思っています。

渡邉：会って話をするからこそ、得られる情報や信頼関係があると思います。だから私はいろいろな人と会って話をするし、遠くに行くのも厭わない。そうすることで、貴重な情報を得られるかもしれない。その人との信頼をさらに強固なものにできるかもしれない。直接会えば、そこで解決できることも多い。それは、今流行りのＡＩじゃできないですよね。ＡＩにできることは任せれば良いと思います。でも、このことは人間にしかできない、目に見えない価値だと思います。

近藤：ＩＣＴ活用の成功の秘訣がまさにそこにあると思います。

渡邉：逆に言えば、そのことを理解しないままＩＣＴを活用しても、結局うまくいかないと思う。

問題の本質をつかめていないから。今、社会や会社で起こっている問題の本質としっかり向き合うことが何よりも大切ではないかと思います。「ウチの会社は情報共有がなかなかできない」と嘆くならば、先ほども話をしたようにフラットな組織に変えてしまう。管理職をすっ飛ばして自分自身のところに情報を集める仕組みを作り、すぐに実践すれば良い。そうすると問題の本質が見えてくる。残された管理職の人たちは一体何をして会社に貢献すべきなのか。本質と向き合うことにより、真の問題解決が図れると思います。

近藤：今までの常識でいけば会社には管理職がいて当たり前。でも、渡邊会長のところにはそのような中間管理職がいないわけですね。従来の常識にとらわれていては身動きがとれなくなってしまいますね。

渡邊：「人の行く裏に道あり花の山」です。ＩＣＴを活用しながら、常識を覆していきたいと考えています。

近藤：本日はありがとうございました。

すべてはＩＣＴとの出合いと折り合いを自然に身につけた結果だと思う

株式会社ナベショー代表取締役会長兼社長
渡邉 泰博

「鉄のナベショー」から「次代をリードするしなやかな頭脳集団」へ――。独自の経営哲学を展開してきたことで知られ、今や自社を年商１２００億円以上にまで押し上げてきた株式会社ナベショーの渡邉泰博会長兼社長に、ＩＣＴとは何か、どう関わってきたのかについてお聞きしました。

ナベショーという会社は、通信インフラ・交通インフラ・外部人脈ネットワークで伸びた会社です。とにかく人がいなかった、文句をいう社員集団の会社だった。だから残ったと、率直に思います。

「こういうのが、あったらいいいな」と夢見ていたら、コンピュータが現れて現実にしてくれました。郵便物が届かない、日報を出張先から送るのが大変、いつも会社にいないといけない。こんなふうに困ったことが起きたとき、それを解決してくれたのが、ファクシミリ、メール、携帯電話といったＩＣＴ技術だったのです。

手塚治虫のマンガに、高速道路上で電話しているのがありますね。あのときは手塚治虫も、こういうものがあったらいいなと思ったんじゃないかな。だからマンガで書いた。そして現実になった。当社もそれと同じです（車の屋根にプロペラが付いているマンガもありました）。

ナベショーは、ＩＣＴの技術革新と共に伸びてきた会社です。１９７０年代は、人を採用したくても条件が悪い、将来性がないということで、人は来なかった。そういう中でどうやって稼ぐかというと、「機械は油をさせば勝手に走ってくれる。人間よりも機械を使ったほうがいい」という考えで、コンピュータを上手に使うことでした。

１９７３年ファクシミリを導入

最初の通信機器は、１９７３年に導入したファクシミリでした。当時は営業所が6ヵ所あり、営業所から来たデータをもとに、大阪で手書きの伝票を作り、それによりお金を払ったりもらったりしていました。あるとき、ゼネストという郵便ストのため郵便物が届かなくなり、業務が滞ってしまいました。1ヵ月半ほど大混乱して、ちょうどそのときに「ファクシミリというものがある」という話しを聞き、東京から送った資料が電話回線を通って大阪の電話に届くという説明を受けました。「え！　電話から文字が出る！」というのを知って飛びつきましたね。確かA4サイズ1枚が3～4分かかったんですよ。グルグルと感熱紙が回って電話から文字が出てくるのを見て、嬉しいのとビックリしたのとで今でも忘れません。そのファクシミリは銀行や商社の大企業でもまだ入れていませんでした。

次にコンピュータを入れましたが、当時はコンピュータを使える人が少なくて、人を雇ってもすぐに辞めてしまい、なかなか定着しませんでした。そこで私が、各営業所からファクシミリで送られたデータを、大阪で入力して営業の伝票を打ち、仕入れや支払いを全部やりました。その後営業所でもコンピュータを導入しましたが、覚えるのには時間がかかりました。（一人三役が可能になりました）

その後も、何か問題が起きる度に、解決してくれたのはコンピュータでした。ファクシミリ、データ端末、ポケベル、そのポケベルに文字が出る、自動車電話、携帯電話と次々に登場しましたね。今は世界中どこからでもiPad1つで決済までやっています。だから自由にどこへでも飛び回ることができるようになりました。

当社のコンピュータは、汎用品や同業者の流用品ではなく、自分の会社に合うように仕組みを作り、完全オリジナルのソフトを使っています。だから効果抜群。仕組みの中で効率よく自動化され、本当に必要なものだけが集約されたシンプルなものです。

ICTを有効活用すれば残業は必要ない

当社は約70人で売上は1200億円以上（2018年度）に上りますが、残業はありません。コンピュータのおかげだと思います。経理担当は1人で定時出社定時退社、そのうえ昼間もゆったりしています。会社の仕組みというのは、人が少なければ少ないほど効率が上がり、人が増えれば増えるほど効率が悪くなります。なぜならば、人が増えれば、教えなくてはいけないからです。教えたときにレベルが同じなら、あうんの呼吸で通じます。しかし、教える人のレベルが高くて教えられるほうが低いと、できるだろうと思って任せたことができないわけです。ミスが起こり、腹が立つから怒り、人が辞める。また教える……。この繰り返しです。つまり、教えるということがいかに難しいかということ。人が増えれば意思の疎通が図れなくなり、問題がいっぱい起こります。コンピュータを入れて人を減らせば、問題は起こらなくなります。

安倍内閣でモリカケ問題が起きました。あのとき、霞が関の電気は夜中まで煌煌と灯っていた。何をやっていたかというと「あったことをなかったことにする。なかったことをあったことにする」こと。昼間のビジネスアワーにはできなくて、夜遅い時間や休日に、加減乗除するんです。これはＡＩではできません。私は「不祥事は夜起こる」と言っています。

あったことをあったままに走らせるのがコンピュータ。数字の桁は間違いはなく、「京」までスピードアップしているのだから、残業などまったく必要ありません。それがＩＣＴを活用するということです。

問題はすぐにその場で解決、会議にかけたりしない

これまで楽にＩＣＴを活用し進化してきたかというと、そうではありません。１９７３年にファクシミリを入れて以来、世界中で仕事ができるようになる今日まで、新しいことをしよう

とする度に、いつも大変でした。

例えば「日報」は、最初は手書きでした。出張すると2泊3日の空白が出る。その間も情報を知りたいと思っていると、ホテルにもファクシミリが入るようになりました。ホテルのフロントのファクシミリで会社とやり取りをしていると、枚数が増えてホテルのフロントで頼みづらくなりました。次は手書きの日報を写真で撮って会社に送るようになり、今はiPadに入力して送っています。手書き、FAX、ホテルのFAX、写真、メールと、ここまで来るのに何段階もありました。「いやぁ実は社長、ホテルからFAXを送るのは、フロントに嫌がられて大変なんですよ」と社員に言われたことがきっかけでした。何かで解決できないかなと日々考えていたら、日報の写真を撮ってホテルの部屋から送れるシステムができて、問題は解決したわけです。現場の社員からグチの1つも出たら、そこがチャンスです。一対一で話すことが大切で、会議なんかいらないですね。

システム仕様や設計に限らず、何事も半年に一回とか会議で話し合おうというのではなく、何か疑問・問題があれば、即刻その道のプロ（詳しい人）を呼んで解決します。問題があればまとめて、まとめたものを会議に諮って決めようとか、そんなことをやっていると、1ヵ月くらいは待たないといけないですよ。ちょっと使い勝手が悪いと思っていることを、1ヵ月も待つのではなく、その場ですぐに解決すればいいわけです。その積み重ねで今があります。

ICTの有効活用とは

会社には組織というものがあり、A社員、B係長、C課長、D部長、E社長と階層になっています。A社員からE社長に直接話せばそのまま伝わりますが、それはB係長、C課長、D部長が嫌がります。決定権はE社長にあるので、実質はB係長、C課長、D部長には何の権限もありません。それに5人いれば情報が誤って伝わります。A社員からB係長に事を「オープンにしたい」と報告があり、B係長からC課長で「どうにかなるでしょう」になり、C課長からD部長で「大したことありません」となり、D部長からE社長へ来たときには「大したことありません。大丈夫です」になってしまいます。これが忖度ですね。あったことをなかったことにするために、A社員は残業が増えます。あげくの果てに世間に知れたときにE社長が言うことは「知りませんでした」。これは、組織がじゃまになって判断を誤り、組織が会社をつぶす典型例です。

情報共有が無限にできるのだから、順番に伝えていく必要はありません。「情報共有できるんですか?」と聞かれますが、そんな議論をするから話がおかしな方向に行くのであって、共有したい人が共有すればいいんですよ。最初から全員に徹底しようとすると議論が前に進まない。そうではなく、このニュースが面白いと思う人が共有の中に入って行けばいいのです。思わない人に、情報を共有するようにといくら教えても、中には入って来ないのです。次に「セキュリティは大丈夫ですか?」と聞かれますが、「セキュリティとは何ですか?」と逆に聞きたいですね。カギをかければ情報は絶対に漏れないんでしょうか。「どうやって隠すか」という不可能なことを議論するために山ほど資料を作るなんて、何を考えているのかさっぱりわかりません。皆さんは、ICTをどう理解してるのでしょうか。個人情報を「隠すセキュリティ」が必要だとか、権限を設定しなくては! とかそんなことを言っていたら、ICTなんて規制ばかりになり、機能させることができません。それよりも、困ったことをタイムリーに解決し、目的まで一直線に進むことがICTを有効活用するということではないでしょうか。

真ん中のB係長・C課長・D部長を抜かないと、ICTにも変化していけません。システムが変化しているのに、いつまでも5人で決裁していたら、遅れてしまいますよ。間の3人は要らないから辞めさせなくてはいけないが、辞めさせることができないでいる。これを乗り切らないと世の中は変わらないですね。

当社もA社員からE社長まで5人の階層がありましたが、A社員からE社長に話がダイレクトにいくようなフラット組織に変えました。現場がするとおりに会社が動きます。それを可能にしてくれたのがICTです。これだけ技術革新が進みインフラが揃っているのに、いまだにA社員からE社長まで5人に順番に伝えていたら、30年前や40年前と変わらないことをやっているということではないでしょうか。経営者はよく社員に「変化しろ！」と言っていますが、その前に自分自身が変化しなくてはいけないのです。

ある会社では、GPSで社員の動きを監視し、社内に管制塔を作っています。外回りから帰ってきた社員に「あの会社になぜ3時間もいたんだ」「公園で2時間も休んでたのか」「昼間さぼってたじゃないか」と管理職が問いただす。社員のモチベーションを下げることをやって、それでICTを有効に使っていると言えるのでしょうか？

メールを使うとスピードアップすると皆さんよく言われますが、メールでやり取りするのは確かに短時間ですみますが、そこに心がこもっていなければ意味がありません。信頼関係のある人同士が、忙しいからメールで済ませるのは結構ですが。会話したほうがいいことまでメールで済ませるから、会話をしなくなってチャンスの機会が広がらないんです。ＩＣＴを何のために使うのかをわからなくてやっているから、ＩＣＴが生きてこないんじゃないですか。携帯電話やメールを「便利がいい」と言いますが、それを「便利がいい」で終わらせないで、どうやって有効的に使うか、そこに人間の価値があるんです。

目に見えるコストカットよりも、目に見えないところにコストをかける

皆さん、何かというと「コストカット」と言われますよね。例えば、テレビ会議システムを入れると出張旅費が減り、時間も短縮できると。でも、テレビ会議で顔を見ても親しくはなりませんよ。それなら電話のほうがいい。一番いいのは、面と向かって話すことです。テレビ会議は、スキマ時間にどうしても話さないといけないときに使うもの。テレビ会議をいれたから

といって出張旅費を減らすとか、時間を節約するとか、そういうことじゃないんです。

当社は24~25年くらい前にテレビ会議を入れていますが、出張はどんどん増えています。交通インフラもどんどん短縮されていますが、東京出張も福岡出張も泊まりです。日帰りだと1日3件のお客様しか会えないところが、1泊2日になると7~8件のお客様に会えますね。訪問件数と会う人が多いということは、それだけ情報量が増えるということ。2往復すると3万円×2回で6万円。1泊2日は交通費3万円とプラス宿泊費で、2往復より安くなります。出張先では美味しいものを食べて、いいホテルに泊まり、楽に気持ちよく仕事をして、そして世間も広がっていく。宿泊したほうが、いいことばかりです。

外国人労働者を受け入れるときに、住宅を探すのに1件1件不動産屋に頼んでいると、手間がかかるし、バラバラになり管理もしにくい。であれば、アパート1棟を建てて、そこに家族を呼び寄せ一緒に住んでもらい、家賃は天引きする。通常、外国人労働者は単身日本に来ていますよね。当社は、そこで、ちゃんとした住まいを提供し、ちゃんとした給料も払って仕事をしてもらい、家族と一緒に住んでもらうようにすれば、仕事のモチベーションだって上がって、日本に来たいという人がどんどん増えるのではないでしょうか。

しかし、そういう発想になる人は少ないと思います。他の会社は目に見えるところをコストカットしていますが、当社は宿泊出張も外国人労働者の住宅も、目に見えないところを大切にし、そこをカットしない、むしろ豊かにするやり方です。

研修や勉強会は一切なし。いる人間が努力して効率を上げる

他の会社では、数万円のセミナーに社員を参加させていますね。スクール形式で、講師1人に受講生が50人や100人。受講生は、講師の言ったことが正しいと思っています。セミナーでいい話を聞いたからといって、自分の会社の仕事内容、立地条件、社員の質などをいろいろ見て、講師の言っていることを実践できますか？　時間とお金をかけて、できないことを聞いてもしょうがないと思うんです。それよりも、自分の目の前で起きた問題を、タイムリーに伝えて解決していったほうが、よっぽど物事が前進するし、お互いに気持ちが通じ合います。

コンピュータを導入しても、人が定着しなかったり操作を覚えられなかったりしましたが、

乗り越えるというよりも、そのときそのときで試行錯誤しながらやって来ました。手探りで自分でやって、自分が経験したものを1人1人に教えていく。研修会や勉強会に行くとか、条件を良くして人を募集するとか、一切ありません。当社は、いる人間で努力して、社員教育を現場でやって、仕事の効率を上げる。それがナベショーという会社なのです。

人と比べず自分のものさしをもつ

基本的には、人間というのは考える能力のある生き物です。今の人は子どもの頃から転ばぬ先の杖を親に与えられているから、「経験」ができないんです。自分で考える能力はみんなにあるのに、考える力をなくしている。私の場合は、食べていけない状況だったから、どうやったら食べられるかを考えないとしょうがなかった。そうなると、何か問題が起きたとき、明日ではなく、そのときにどうすればいいかを考えるわけです。

朝礼で社員に「なんでもいいから疑問をもて」と話したら、疑問でないことを疑問形式にして言ってきました。びっくりしました。そこで、私はそれは「解答の出ている疑問ではないのか」

と言いました。そして、ある女子社員に立ち話で訊ねました。なぜ、皆は疑問がないのだろうかと……。すると、その女子社員が言いました。それは「疑問をもたなくても生きていけるから……」「疑問をもたなくても、支障がないから……」と言ったんです。確かに疑問をもたなくても生きていけるけれど、そこには喜びがない。疑問をもって解決することで、喜び、面白くなり、感激するのではないでしょうか。まさに青天の霹靂の回答でした。

2019年3月23日付け日経新聞の朝刊(※)に、イチローの引退コメントがありました。「他の人と比べるのではなく、自分のものさしを持って、自分なりにやってきた」という意味合いのもの。これは私の考えとまったく同じです。経営者には、新聞やメディアの表面的なことをうのみにするのではなく、もっと感性を磨いてほしいものです。自分のものさしや自分のはかりで物事を考え、自分というものを、しっかりもってほしいと思います。

私は月に2、3回メッセージを出しています。その中に1999年の秋に「昔銀行というものがあったらしい。というときが来るかもしれませんよ」という言葉を発信していました。20年前にこんなことを考えいたのかと振り返ったり、そのとき世の中で何が起こっていたのかを対比したりすると面白いですよ。思いつきですが割と的を射ています。今は「おそらく、

３年以内に人が余る」と言っています。３年後には「人が足りないって言ってた時期があったんだな」と話しているんじゃないか、というのが私の見通しです。

大切なのは人と人とのダイレクトなつながり

「こういうことで困っている」と社員が話してくれたのに対し、会長の私は「こう思うが、君はどう思うのか？」と聞く。そういう会話のキャッチボールが必要です。報告とは、社員が上にするものだと思っているようですが、そうではなく、上からも発信し、両方から発信してディスカッションをしながら、物事は改善されていきます。朝の挨拶も、社員が挨拶したら社長がするのではなく、経営者から社員たちへ挨拶をするんですよ。人に頭を下げるのも、まず自分からすることです。相手が社長でも社員でも、態度を変えるようなことはしないようにと、社員には言っています。

社長は「忙しい忙しい」と言いますが、あれは本当ではなくて、自己満足で言っているのではないでしょうか。飛び込みで会社を訪ねたときに「アポイントはありますか？」と聞かれました。たまたま近くを通ったから寄ったんですが、アポイントがないと会えないと言われたんですよ。せっかく相手が自分の時間とお金を使ってきてくれたんだから、話をすれば、何かヒントがあるかもしれない。よく経営者は、秘書を通したり携帯電話の番号を教えなかったり、ダイレクトに電話に出なかったりと壁を作ります。経営者は変わろうと思ったら、自分で自分の殻を破っていくことです。自分から社員たちに提案し、若い人たちに声をかけていく。それしかないですね。

初めて会った人から「昨日はありがとうございました」とメールが来ます。私は初めて会った人には、「昨日はありがとうございました」と本人に電話をして御礼を伝えます。メールや手紙では、次のアクションが起こしにくく、ネクストチャンス効果がほとんどありません。電話で昨日はありがとうございましたと話していれば、次はお茶を飲みましょう、食事を一緒にしましょうと、次のアクションが起こしやすくなります。会うのも3人だと、ずっと3人じゃないと会えない、何となくそういう雰囲気ができてしまう。これでは意味がありません。一対一で直接声をかけ合って初めて、次のチャンスが生まれる。社員にはそういうことを常日頃言っているが、私が言うことよりも、生まれ育った環境、友達や親の言うことを聞きます。私が言うことは変わっているから、多勢に無勢でなかなか私の指示がスッと伝わるかというと難しい。ですが、言い続けなくてはいけないですね。他の会社も同じです。私が、直に電話してもいいよと言っても、誰も電話してきません。ナベショーの会長と会うときは必ず会社（秘書・部下）を通すように、それが礼儀だと上司が部下に教えるからです。

経営者は、自分1人で動かないとダメでしょうね。人がいると合わせなくてはいけない。基本的に私は1人で自由に動き、ＩＣＴのおかげでどこにいても仕事の承認ができ、日々仕事がたまらないので、健康的に仕事ができています。

会って話をしたり、直接電話で話したりすることによって、情報が増えチャンスの機会が広がり、一対一の信頼関係ができます。ＩＣＴのＣはコミュニケーションですが、結局、そこは人が人とやっていく部分であって、ＩＣＴやＡＩにはできない。それが人間に残された価値です。

今は毎日が楽しいですよ。交流のある人たちが情報や楽しいチャンスをいっぱい持って来てくれます。話をしたり物事を解決したりして、喜んでもらえてやりがいがあります。こんなありがたいことはないですよ。人に会うのが一番楽しいです。

（※）「人より頑張る、というのでなく、自分の中のはかりを使い、自分の限界を見ながら、少しずつ（自分を）越えていった結果」です。イチロー語録より

中小企業がICT活用で生き残るためには？

株式会社ブレインワークス　代表取締役
近藤　昇

ICT社会にいかに適応すれば良いのか？

今や、ＩＣＴ活用は、中小企業にとってもなくてはならないものになった。経営資源といえば、『ヒト、モノ、カネ、情報』といわれて久しい。ここにＩＣＴを入れてもまったく不自然ではなくなった。いうまでもなくテクノロジーは日進月歩だ。約35年間、ＩＣＴの仕事に関わってきた私から見ると、この間のＩＣＴ関連のテクノロジーの進化は想像を超えたものであるし、これからもどう進歩するかなど到底想像できない。それと並行して、生活の方法やビジネスの仕組みが多くの部分で劇的に変わっている。こらちの未来予測もなかなか難しい。

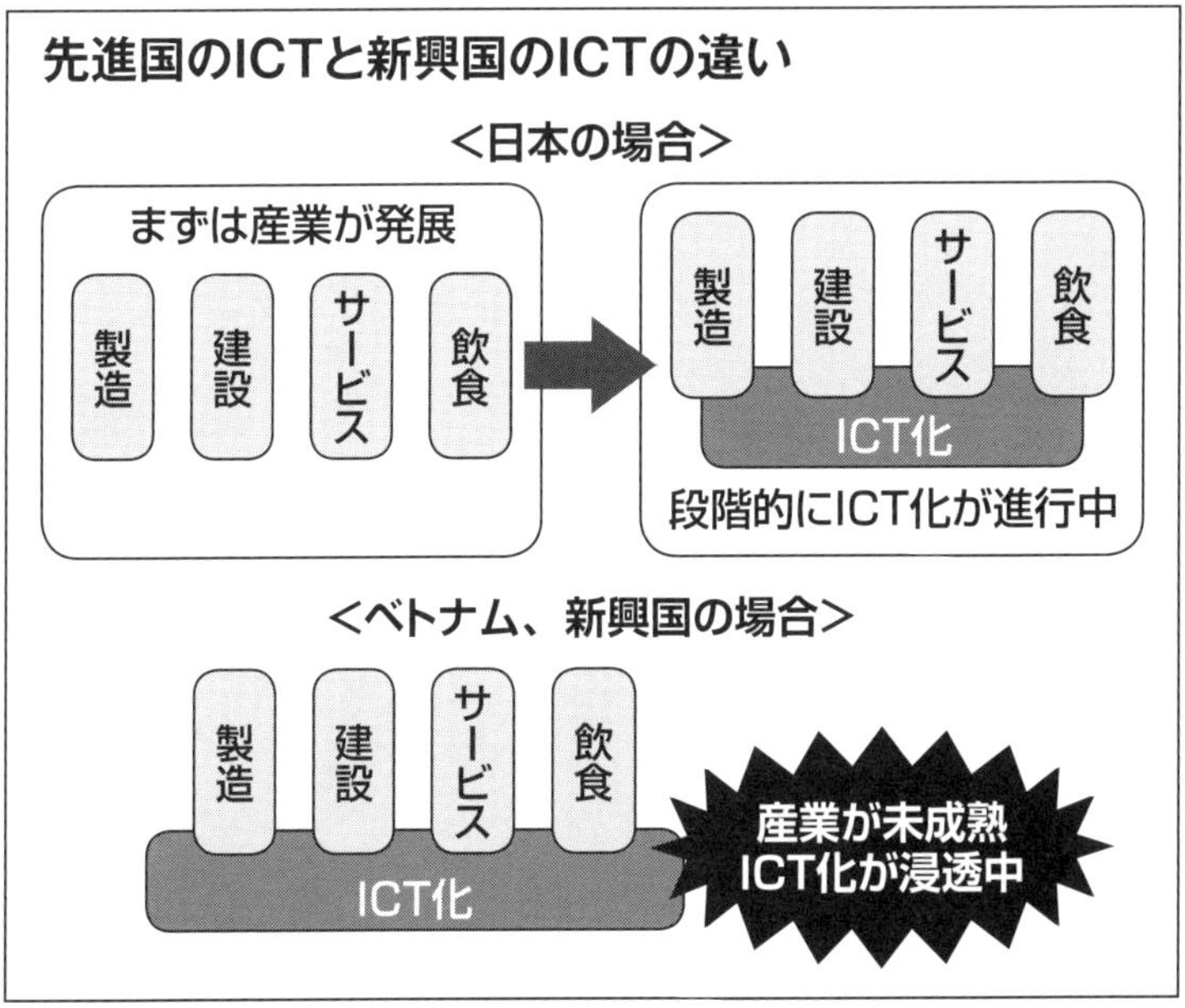

では、こんな時代に、中小企業が勝ち残っていくために経営者はＩＣＴにどう関わり、どう活用したら良いのか？　バラ色の成功事例ばかりが世間では喧伝されている。疑心暗鬼にならざるを得ない。少子高齢化などで先行き不透明な経営環境の中で、ただでさえ経営のかじ取りが大変な時期に輪をかけてＩＣＴ社会に適応せざるを得ない。経営者の苦悩は増大するばかりである。

私は、そんな経営者にものの見方を変えてみることをお勧めする。それは、新興国での今の経営を考えてみる、できれば現地に出かけて体験してみると良い。上の図を見ていただきたい。先進国と新興国のＩＣＴ活用を比較したものである。

日本のように既に先進国の場合、ＩＣＴは産業が成長、成熟してきた過程の終盤で登場してきた。だから、今ある産業の仕組みやビジネスのモデルをＩＣＴに適応させることに骨が折れる。実際に随分前からＩＣＴが魔法のツールだと勘違いしたまま、周囲に踊らされるままＩＣＴ活用を急ぎ、失敗したケースは後を絶たないし、適性な判断ができず、過剰投資も数多く発生している。

『水牛とスマートフォン』に見るＩＣＴ活用

一方、新興国の今の経営者にとってのＩＣＴは何かといえば、経営を行う上で、ＩＣＴは当たり前のものなのである。事業創造の頃から、あるいは産業が成長する初期段階からＩＣＴを前提にビジネスを構想し、仕組み化し、経営を組み立てていく。もちろん、顧客となる生活者も既にドップリとＩＣＴを使っている。しかも、先進国目線で見た場合の想像を超えたスピードで環境は変化していく。

私はこういった様子を、随分前から『水牛とスマートフォン』と表現してきた。つまり、水牛や牛が当たり前に存在する今の新興国にいきなり、最先端テクノロジーのスマホやネットが普及したのである。これは世界中の新興国でほぼ同時に起こっていると考えて良い。今の日本人から見たら違和感がある。こんな体験は今の日本ではできない。無理矢理説明しようとすれば、私たち日本人がスマホをもって、タイムマシンに乗って数十年前に戻るようなものである。つまり、私の子ども時代に戻る感覚が新興国では当たり前の風景なのである。こんな環境で育ってきた起業家が何を生みだすのか？

私たちが活動しているベトナムでもアフリカのルワンダでも今の日本に比べたら生活は不便で豊かではない。また、社会インフラや生活インフラなども未整備だ。つまり、発展の余地は限りなくあるし、改善があと何十年も連続的に必要とされるだろう。そこにＩＣＴを起業家や経営者が自然に使う。これだけのことなのである。しかし、日本の経営者の環境とはまったく違うのも事実である。

日本は一世を風靡した携帯電話ビジネスの大成功の頃から、急激にガラパゴス化が始まった。これは過去のことではなく、ますます助長されていると感じる。日本のＩＣＴ化はとても窮屈で世界に通用する仕組みなどはなかなか生まれない。なぜなら、岩盤規制、既得権益でがんじがらめ、業界改革や産業横断の仕組みなど生み出すことは不可能に思えるからだ。今までのやり方や仕組みを変革できない大企業は、変革におけるカニバリゼーション（自社ブランドが市場で競合し、共食い状態を生み出すこと）の恐怖から逃れられず、身動きがとれない。それを打破するとすれば、外圧ぐらいしかないか。

中小企業は「生活者の視点に立った」ＩＣＴ活用を

これからも、ＩＣＴを当たり前に活用したイノベーションや新たなサービスは新興国で生まれ続けるだろう。これを「ジュガードイノベーション」と説明する人も多い。そして、やがては新興国で生まれたビジネスやサービスが先進国にも広がっていくだろう。配車アプリサービス「ウーバー」はシリコンバレー発だが、アジアを席巻する「グラブ」は東南アジアのマレーシア発であり、既に、ベトナム、ミャンマーなどの各国に普及している。特にベトナムではバイクタクシーが交通インフラとして君臨しており、「グラブ」の利用率が高い。ウガンダやルワンダなどのアフリカ各国でも、類似したサービスが次々に生まれている。ＩＣＴ活用については、新興国の視点で考えるのが一番シンプルなのである。では、日本の中小企業の経営者はＩＣＴへの適応をどう取り組めば良いのであろうか？

私は、生活者の視点に立ったICT活用を掲げることが、中小企業の目指すべき道であると確信している。今、先進国の日本においてもICTが様々なサービスや仕組みとして私たちの周りに存在している。ただ、残念なことに大半のサービスは顧客優先といいながら、実際は商売をする側のメリットを優先させたサービスが多いのが実情である。

「不道徳な見えざる手」（東洋経済新報社）という本がある。この本では「商売の原点はカモとネギだ」と述べられている。私もそれは否定しない。だが、ここにICTが関わると、さらに不道徳なビジネスが助長される。結局、顧客獲得競争や企業の生存競争が激しい日本のマーケットでは、いくら顧客満足優先といったところで、顧客の奪いあいの構図は変わらない。ほかの会社から顧客を奪うか？　あるいは、今までの顧客にいかに余計な商品やサービスを購入させるか？　衝動買いを促すか？　かいつまんでいえば、こういう部分に集中的に知恵を使いながら、コストをかけているのだ。

アナログ力をベースにした商品やサービスを開発

私はバブル崩壊後から経営を始めて、企業支援を続けているが、このままの状況では、ほとんどの企業は疲弊してしまうと思う。人口が少なくとも数十年以上減り続けるわけで、仮に移民を正式に実施しても繁栄時の購買力の維持は不可能だ。

では、こういう悪循環をどうすれば脱却できるかだが、ある意味、中小企業は身軽である。大企業のような拡大志向に陥らなければ、やり方はある。その1つは、ICTを上手に使って、顧客の立場、生活者の立場にたったサービスや商売に徹することだと思う。それこそ、中小企業が強いところだと私は確信している。実際に、中小企業は工場にしても建設にしても現場力が生命線だ。サービス業にしても、人がいかに顧客満足を高めるかが差別化の基本となる。それらの仕事においても、AIやRPA（ロボティック・プロセス・オートメーション）などがとって代わっていくことはこれからも続くだろう。だからこそ、顧客は人間らしい生活を望むようになるだろうし、人間が行うサービスを求めるようになるだろう。つまり、アナログに立脚した商売がますます求められるようになる。要はバランスなのである。デジタル社会が浸透すればするほど、間違いなく人間はアナログの成果に回帰する。言い換えれば、人間らしい商売やサービスに回帰することである。中小企業が、デジタルとアナログ、両方を強みにできれば、大企業と伍していけるどころか、発展著しい新興国でも活躍できる可能性が高まる。

もう1つ、中小企業が勝ち残る道がある。本書の掲載企業の中にも実践例があったが、自社のアナログ力をベースに培ったビジネスの仕組みやサービスをソフトウエアで商品にする。つまり、ＩＣＴ化してその商品を同業他社などに提供する。特に日本のノウハウなどは新興国の経営者が喉から手が出るほど欲しいのだ。人的なサポート力とセットで展開すれば、世界展開も不可能ではないと実感している。

新興国のＩＣＴ人材活用と「記録」することの徹底

では、実際の経営に役立つＩＣＴ活用を誰が実現するかも切実なる中小企業の課題である。ＩＣＴは日進月歩。専門家でもすべてキャッチアップすることは難しい時代だ。中小企業でＩＣＴのエキスパートを雇用することはこれからますます困難になるだろう。一般的には、良きパートナー会社やアドバイザーを見つけることが大事だが、私はぜひ、新興国のＩＣＴエンジニアの活用も選択肢の1つとしてお勧めしたい。ＩＣＴスキルのレベルも気になるところだが、当然、彼らは平均的な日本人よりハングリーだ。しかも、日本国内ですら、外国人が急増し、中小企業でも何らかで外国人雇用や活用が当たり前の時代である。少し先取りして、新興国のＩＣＴ人材を活用すると、様々な良い影響が生まれるだろう。

蛇足になるが、今でも日本が中国などよりＩＣＴのレベルが上だと信じている人は多い。私が中国人エンジニアと仕事をし始めたのは約35年前のことだ。

まさかこんな時代が来るとは想像すらできなかった。今、ＡＩやＩｏＴなど既に日本を凌駕した領域はたくさんある。当然、シリコンバレーなどで鍛えられた優秀なエンジニアがいるからこそである。外国の方々をＩＣＴのブレインとして中小企業のエンジニアを社員として活用する。これは遠い世界の話ではない。

もう1つ、ＩＣＴ活用成功のためのポイントとしてあらためて強調したいことは記録である。実際、スマホにしても録音機能なども含めて、一昔前に比べて様々なビジネス活動や日常業務が格段に記録しやすくなった。

ＩＣＴを活用するということは、言い方を変えれば、データや情報をいかに活用するかである。それはすべて記録が前提である。ただし、中小企業は記録が苦手である。これは、経験と勘と度胸といわれる職人の世界だけの話ではない。この記録を当たり前にできる会社へと自社を変革できるか？　これが一番のポイントなのである。

最後に本書のまとめとして次の図を見ていただきたい。中小企業が一番大切にすること。それはアナログ力である。今、アナログ力に自信を持っている中小企業こそ、一刻も早く、世界

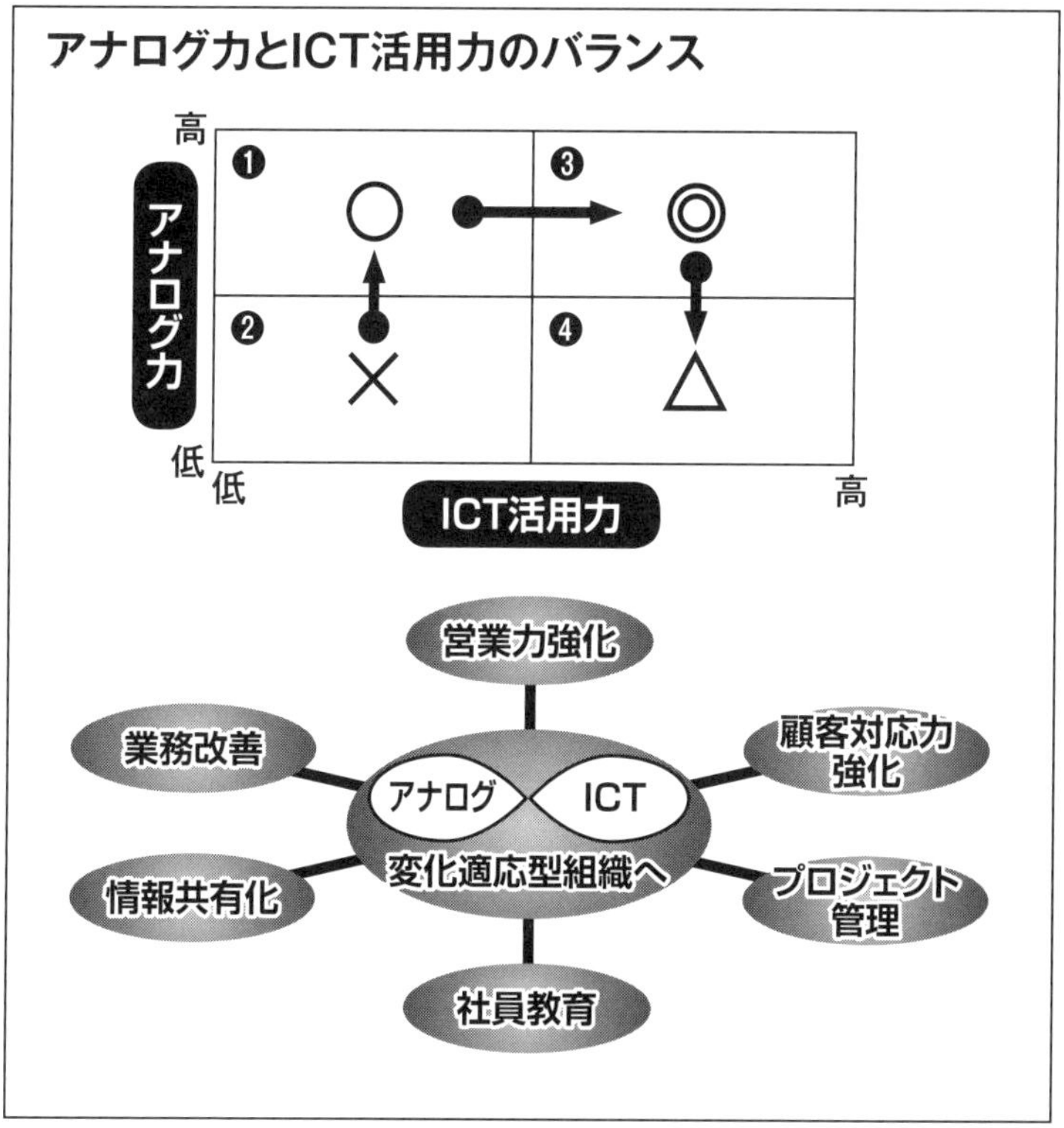

標準におけるICT化を急ぐべきである。一方、仮にICT力に自信があるという中小企業であれば、今一度、アナログ力の強化に力を注ぐべきである。

「デジアナを駆使し未来を拓く」オンラインセミナーのご紹介

株式会社ブレインワークスでは、約１０年前からオンライン環境を活用したセミナーを実施している。これまで経営者をはじめとした多くのビジネスの実践者に登壇をいただき、肉声でしか聴くことができない貴重な内容をお届けしてきた。

現在のオンラインセミナーでは、本書と同じく「デジアナを駆使し未来を拓く」と題して、文字通りアナログとデジタルの両方を駆使されてきた経営者やシニアをはじめとする方々に、積年の実体験からでしか得られない含蓄深い内容を披露いただいている。その分野は、ＥＧＡ、シニア、中小企業経営、ＩＣＴ活用、セキュリティ、出版、新興国人材活用、ＳＤＧｓなど、社会課題から企業支援におけるものまでかなり幅広い。

オンラインセミナーは基本的にＳＮＳを活用したライブ配信で行っている。開催予定については、弊社のフェイスブックページ（https://www.facebook.com/bwg.press/）や弊社の情報発信サイト「ブレインナビ（http://navi.bwg.co.jp/）」に随時掲載しているので、ご興味がある方はぜひご覧いただきたい。またありがたいことに、ライブ配信をご覧になれない方から過去の配信を視聴したいという声も多数頂戴しているため、ご案内のためのサイトを用意させていただいた。本書にもサイトのURLとQRコードを掲載するので、アクセスをしていただくことで皆様の新しいきっかけ作りに寄与できればと考えている。

株式会社ブレインワークス

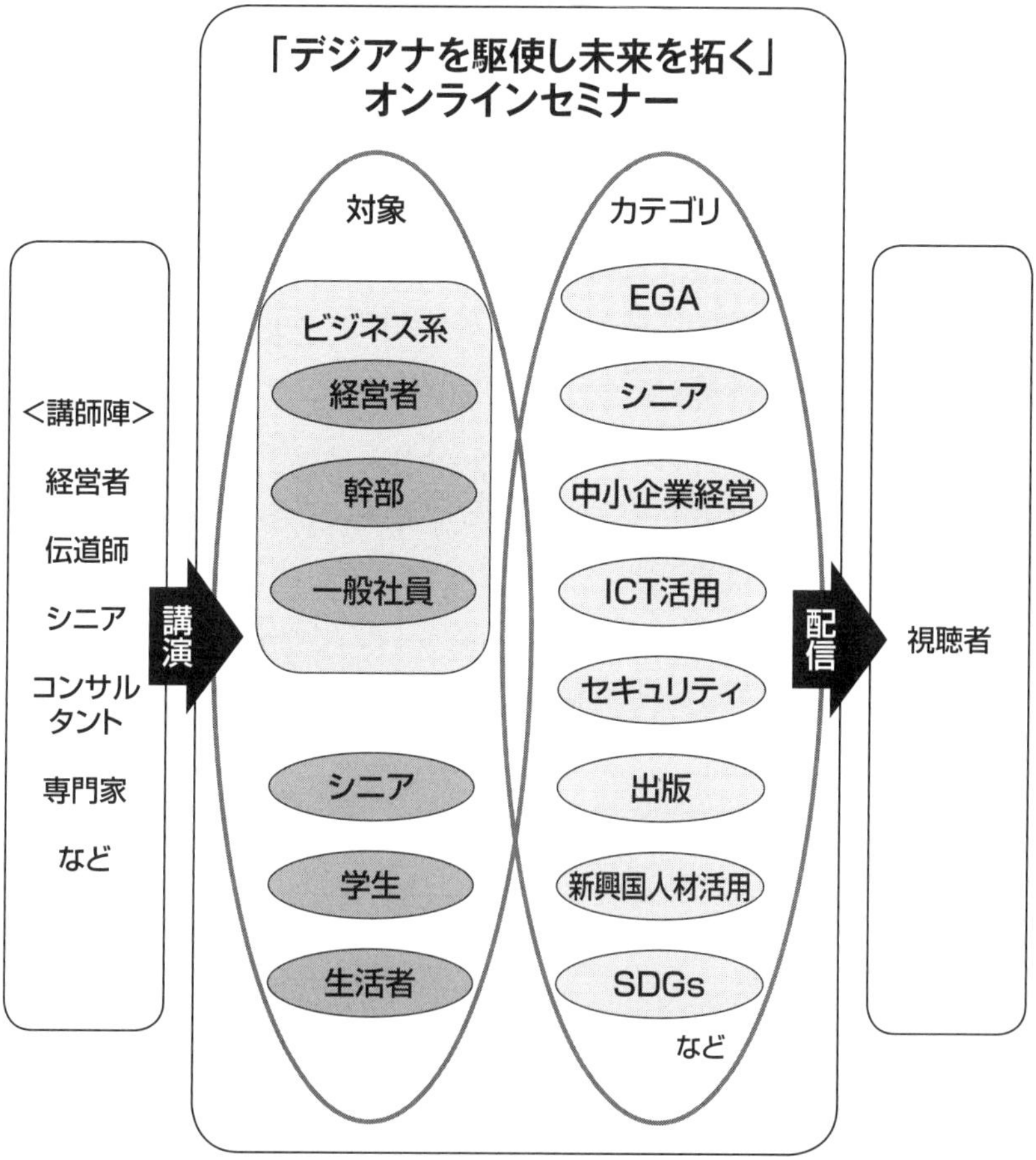

URL：https://www.bwg.co.jp/entrance/digianaonline.html

ブレインワークスグループ

創業以来、中小企業を中心とした経営支援を手がけ、ICT活用支援、セキュリティ対策支援、業務改善支援、新興国進出支援、ブランディング支援など多様な提供をする。ICT活用支援、セキュリティ対策支援などのセミナー開催も多数。とくに企業の変化適応型組織への変革を促す改善提案、社内教育に力を注いでいる。また、活動拠点のあるベトナムにおいては建設分野、農業分野、ICT分野などの事業を推進し、現地大手企業へのコンサルティングサービスも手がける。2016年からはアジアのみならず、アフリカにおけるビジネス情報発信事業をスタート。アフリカ・ルワンダ共和国にも新たな拠点を設立している。

株式会社ブレインワークス
■東京本社：東京都品川区西五反田6-2-7
ウエストサイド五反田ビル3階
TEL：03-5759-5066
E-mail：info@bwg.co.jp

大阪／神戸／沖縄／徳島／京都／ホーチミン／ハノイ／ダナン／カントー／ゲアン／プノンペン／キガリ

■ホームページ：http://www.bwg.co.jp/

デジアナを駆使し未来を拓く
～ICT経営で躍進する中小企業～

2019年9月25日〔初版第1刷発行〕

著　者　株式会社ブレインワークス
発行人　佐々木　紀行
発行所　株式会社カナリアコミュニケーションズ
〒141-0031　東京都品川区西五反田6-2-7
ウエストサイド五反田ビル3F
TEL　03-5436-9701　FAX　03-3491-9699
http://www.canaria-book.com

印刷所　株式会社クリード
装　丁　田辺智子
ＤＴＰ　新藤昇

ISBN 978-4-7782-0457-0　C0034

カナリアコミュニケーションズの書籍ご案内

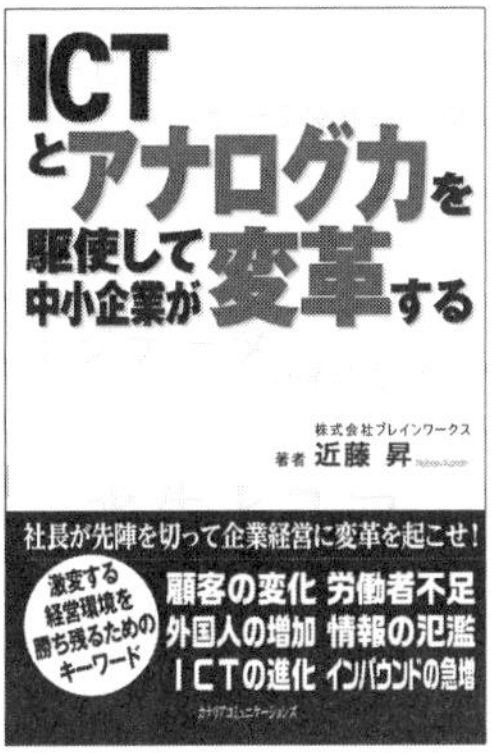

ICTとアナログ力を駆使して中小企業が変革する

近藤 昇 著

第1弾書籍「だから中小企業のIT化は失敗する」（オーエス出版）から約15年。この間に社会基盤、生活基盤に深く浸透した情報技術の変遷を振り返り、現状の課題と問題、これから起こりうる未来に対しての見解をまとめた1冊。

中小企業経営者に役立つ知識、情報が満載！

2015年9月30日発刊
1400円（税別）
ISBN 978-4-7782-0313-9

もし、自分の会社の社長がAIだったら？

近藤 昇 著

AI時代を迎える日本人と日本企業へ捧げる提言。

人間らしく、AIと賢く向き合うための1冊。

将来に不安を感じる経営者、若者、シニアは必見！

実際に社長が日々行っている仕事の大半は、現場把握、情報収集・判別、ビジネスチャンスの発掘、リスク察知など。その中でどれだけAIが代行できる業務があるだろうか。10年先を見据えた企業とAIの展望を示し、これからの時代に必要とされるICT活用とは何かを語り尽くす。

2016年10月15日発刊
1300円（税抜）
ISBN 978-4-7782-0369-6

カナリアコミュニケーションズの書籍ご案内

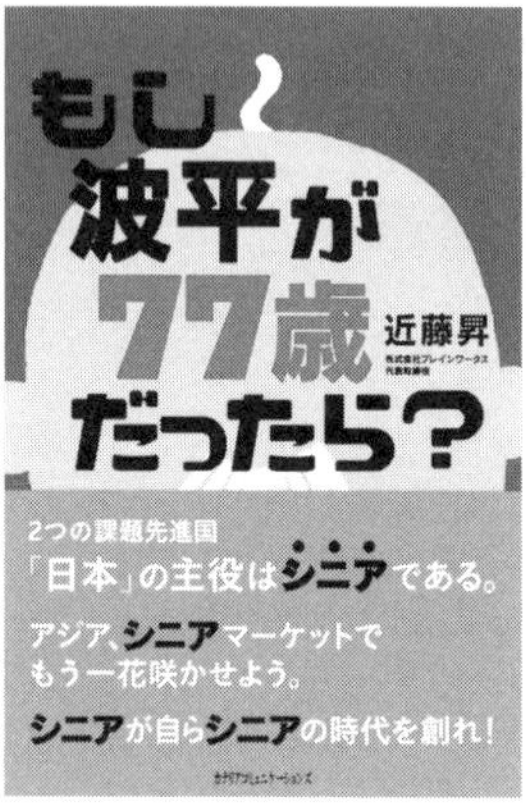

もし波平が７７歳だったら？

近藤 昇 著

人間はしらないうちに固定概念や思い込みの中で生き、自ら心の中で定年を迎えているということがある。オリンピックで頑張る選手から元気をもらえるように、同世代の活躍を知るだけでシニア世代は元気になる。
ひとりでも多くのシニアに新たな希望を与える1冊。

2016 年 1 月 15 日発刊
1400 円（税別）
ISBN 978-4-7782-0318-4

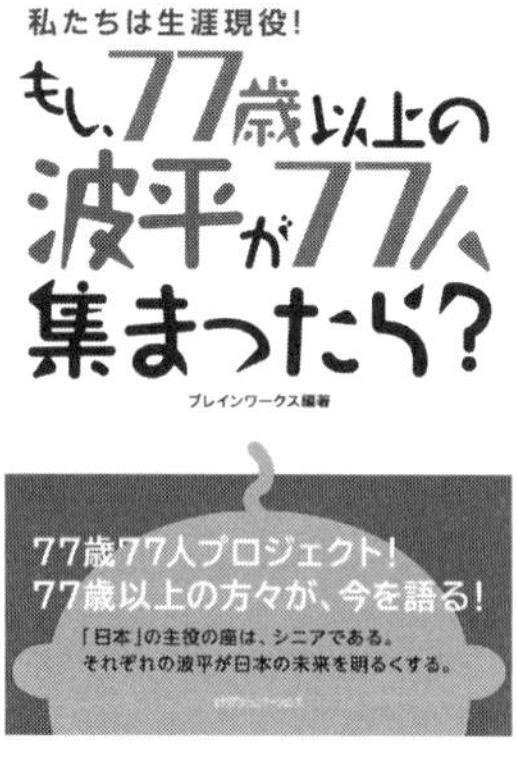

もし、７７歳以上の波平が７７人集まったら？
私たちは生涯現役！

ブレインワークス 編著

私たちは、生涯現役！シニアが元気になれば、日本はもっと元気になる！現役で、事業、起業、ボランティア、NPOなど各業界で活躍されている77 歳以上の現役シニアをご紹介！「日本」の主役の座は、シニアです！ 77 人のそれぞれの波平が日本の未来を明るくします。
シニアの活動から、日本の今と未来が見える！
※波平とは、「もし波平が 77 歳だったら？」（近藤昇著）の反響をうけ、波平に共感してくださったことから、第2弾企画として使用。

2017 年 2 月 20 日発刊
1300 円（税別）
ISBN 978-4-7782-0377-1